Contents
目次

はじめに

　2023（令和5）年6月1日から改正著作権法が施行され図書館等公衆送信サービスが開始されることとなりました。これにより国立国会図書館や公共図書館，大学図書館等が，利用者の調査研究の用に供するため，図書館資料を用いて，著作物の一部分をメールなどで送信することができるようなります。

　そもそもこのサービスは，文化庁でも20年以上前から検討がなされており，図書館資料を公衆送信できるようになることは，図書館サービスの向上に繋がるものとして期待されていました。ただ，補償金の処理を迅速に行えるようにすることや著作権データベースの一元化がこれからであることなど，今後の課題も多く，引き続き図書館等公衆送信サービスに関する関係者協議会での議論が求められます。そのためにも，まずはこのサービスを軌道に乗せることが重要であり，また，利用者の認知も高めていく必要があります。

　このサービスを実施する「特定図書館」となる準備がこれから各図書館で進められることになりますが，この『図書館等公衆送信サービスを始めるために』は，その一助となることを願って作成いたしました。各特定図書館で実施する研修などにも本冊子をご活用いただければ幸いです。より多くの図書館等が特定図書館となり，図書館関係の権利制限規定の在り方に関するワーキングチームの報告書にあるように，このサービスが「図書館等が保有する多様な資料のコピーをデジタル・ネットワーク技術の活用によって簡便に入手できるようにすることは，コロナ禍のような予測困難な事態にも対応し，時間的・地理的制約を超えた国民の「知のアクセス」を向上させ」るものとなり，さらに，「図書館等の公共的奉仕機能を十分に発揮させる観点からも，可能な限り，多様なニーズに応えられる仕組みを構築することが望まれる。」に応え，利用者のためのサービスとなることを期待しています。

　最後に，本冊子の作成にあたりご寄稿いただきました文化庁著作権課の皆様には改めまして感謝の意を表し，お礼を申し上げます。

公益社団法人日本図書館協会専務理事兼事務局長　　岡部　幸祐

1. 著作権法に関すること

文化庁著作権課

本章は，文化庁著作権課発行の『著作権テキスト－令和5年度版－』を図書館職員向けに編集したものです。全編は下記サイトにてご確認ください。
https://www.bunka.go.jp/seisaku/chosakuken/seidokaisetsu/93726501.html

1.1 「著作物」とはなにか

> 第2条（定義）
> 一　著作物　思想又は感情を創作的に表現したものであって，文芸，学術，美術又は音楽の範囲に属するものをいう。

著作権法では，著作物は，

「(a) 思想又は感情を　(b) 創作的に　(c) 表現したものであつて，(d) 文芸，学術，美術又は音楽の範囲に属するもの」

と定義されています。

具体的にどのようなものが著作物であるのかは，6ページの表に例示されていますが，これらはあくまでも例示であって，著作物はこれだけに限りません。

上記の定義にあてはまるもの（以下の要件をすべて満たすもの）は，表に掲げられていないものであっても，著作物に該当することになります。

(a)「思想又は感情」を
「東京タワーの高さ：333メートル」といった「単なる事実やデータ」など（人の思想や感情を伴わないもの）が著作物から除かれます。

(b)「創作的」に
他人の作品の「模倣品」など（創作が加わっていないもの）が著作物から除かれます。また，「ありふれたもの」（誰が表現しても同じようなもの

になるもの）も創作性があるとはいえません。

(c)「表現したもの」であって

「アイデア」など（表現されていないもの）が著作物から除かれます（ただし，アイデアを解説した「文章」は表現されているため著作物になり得ます）。

(d)「文芸，学術，美術又は音楽の範囲」に属するもの

「工業製品」などが著作物から除かれます。

(注)「特許権」は「アイデア」を保護し，「著作権」は「表現」を保護しています。このため，例えば，ある「薬」の製法について特許権が付与されている場合，1）その製法に従って，その薬を「製造・販売」すること（アイデアの利用）は，特許権の侵害となりますが，2）その製法を書いた「論文をコピー」することは，「表現」を利用しているため，「著作権」の侵害になります。

① 保護を受ける著作物

我が国の著作権法によって保護を受ける著作物（無断で利用してはいけない著作物）は，次のいずれかに該当するものです（**第6条**）。

【国 籍 条 件】日本国民が創作した著作物

【発行地条件】最初に日本国内で発行（相当数のコピーが頒布）された著作物（外国で最初に発行されたが発行後30日以内に国内で発行されたものを含む）

【条約の条件】条約により我が国が保護の義務を負う著作物

また，次の著作物については，著作権が及びません（**第13条**）。

  （イ）憲法その他の法令（地方公共団体の条例，規則を含む。）

  （ロ）国，地方公共団体又は独立行政法人・地方独立行政法人の告示，訓令，通達など

  （ハ）裁判所の判決，決定，命令など

  （ニ）（イ）から（ハ）の翻訳物や編集物（国，地方公共団体又は独立行政法人・地方独立行政法人が作成するもの）

② 著作物の種類

「一般の著作物」

著作物の定義については，前述しましたが，著作権法では，次の表に掲げられているように，著作物の種類を例示しています（**第10条**）。なお，事実の伝達にすぎない雑報および時事の報道は，著作物に該当しません（**第10条第2項**）。

言 語 の 著 作 物	講演，論文，レポート，作文，小説，脚本，詩歌，俳句など
音 楽 の 著 作 物	楽曲，楽曲を伴う歌詞など
舞踊，無言劇の著作物	日本舞踊，バレエ，ダンス，舞踏，パントマイムの振り付け
美 術 の 著 作 物	絵画，版画，彫刻，マンガ，書，舞台装置，茶碗，壺，刀剣等の美術工芸品
建 築 の 著 作 物	芸術的な建築物
地図，図形の著作物	地図，学術的な図面，図表，設計図，立体模型，地球儀など
映 画 の 著 作 物	劇場用映画，アニメ，ビデオ，ゲームソフトの映像部分などの「録画されている動く影像」
写 真 の 著 作 物	肖像写真，風景写真，記録写真など
プログラムの著作物	コンピュータ・プログラム

（注）著作物として保護されるためには，「映画の著作物」を除き，「固定」（録音，録画，印刷など）されている必要はありませんので，「原稿なしの講演」や「即興の歌」なども保護の対象となります。

「二次的著作物」

ある外国の小説を日本語に「翻訳」した場合のように，<u>原作に新たな創作性を加えて創られたものは，原作となった著作物とは別の著作物として保護されます</u>。このような著作物は，<u>「二次的著作物」</u>と呼ばれています。小説を「映画化」したもの，既存の楽曲を「編曲」したものなども二次的著作物に該当します（**第2条第1項第11号，第11条**）。

なお，二次的著作物の創作に当たっては，原作の著作者の了解が必要です。また，第三者が二次的著作物を利用する場合，「二次的著作物の著作者」の了解のほか，「原作の著作者」の了解も得ることが必要です（18 〜 19 ページ参照）。

「編集著作物」と「データベースの著作物」

詩集，百科事典，新聞，雑誌のような「編集物」のうち，どのようなものを選択し，どのような順序で配列するかといった点について創作性があるものは，そこに収録されている個々の著作物とは別に，全体として「編集著作物」として保護されます（第12条）。

したがって，編集物全体を利用する場合は，個々の著作物すべての著作権者の了解を得るとともに，編集著作物としての著作権者の了解も得なければなりません。

このような編集物のうち，コンピュータで検索できるものを「データベースの著作物」といいます（第2条第1項第10号の3，第12条の2）。

なお，編集著作物やデータベースの著作物の個々の素材が著作物の場合もあれば，単なるデータ等の場合もあります。

「共同著作物」

2人以上の者が共同して創作した著作物であって，その各人の寄与分を分離して個別に利用できないものを「共同著作物」と呼びます（第2条第1項第12号）。具体的には，誰がどこを分担すると決めずに共同で書いた場合など，それぞれの人が書いた（創作した）部分を明確に区別できない場合のことです。

第1章はAさん，第2章はBさんと分担するところを定めて書いた場合はこれに当てはまりません。

また，共同著作物の場合は，原則として，全員が共同で（全員一致の意思により）その権利を行使することとされており（第64条第1項，第65条第2項），著作権の保護期間は，最後に死亡した著作者の死亡時から起算されます（第51条第2項）。

1.2 「著作権」とはどのような権利か

> 第17条（著作者の権利）
>
>   著作者は、次条第1項、第19条第1項及び第20条第1項に規定する権利（以下「著作者人格権」という。）並びに第21条から第28条までに規定する権利（以下「著作権」という。）を享有する。
>
> 2 著作者人格権及び著作権の享有には、いかなる方式の履行をも要しない。

　著作者の権利は、他人が「無断で○○すること」を止めることができる権利であり、大きく分けると「著作者人格権」と「著作権（財産権）」の2つで構成されています。

　「著作者人格権」は著作者の精神的利益を守る権利であり、「著作権（財産権）」は著作者の財産的利益を守る権利です。

　著作権法には「著作権」という名称の権利は規定されておらず、複製、上演、演奏、公衆送信といったように利用形態ごとに権利が規定されています。

　このため、複製、上演、演奏、公衆送信などの利用の都度、著作権が及ぶということを理解しておくことが重要です。

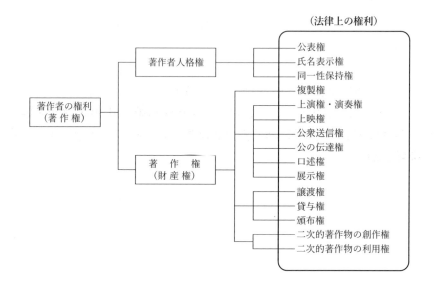

著作権（財産権）

【複製権】

> 第21条（複製権）
>
> 　著作者は，その著作物を**複製する権利を専有する**。

　「複製権」は，著作者に与えられた最も基本的な権利であり，全ての著作物が対象となります。手書き，印刷，写真撮影，複写，録音，録画，パソコンのハードディスクやサーバーへの蓄積など，その方法を問わず，著作物を「形のある物に再製する」（コピーする）ことに関する権利で，このような行為を行えば，著作者の複製権が働きます。また，「生」の講演を録音，筆記したり，「生」の楽曲等を録音するような行為もこの複製権が働きます（**第21条**）。

　なお，脚本等の演劇用の著作物の場合は，それが上演・放送されたものを録音・録画することも，複製に当たります。また，建築の著作物に関しては，その「図面」に従って建築物を作ることも，建築の著作物の複製に当たります（建築に関する図面自体は，「図形の著作物」として保護されます）。

【上演権・演奏権】

> 第22条（上演権及び演奏権）
>
> 　著作者は，その著作物を，**公衆に直接見せ又は聞かせることを目的として**（以下「公に」という。）**上演し，又は演奏する権利を専有する**。

　「上演権・演奏権」は，無断で著作物を公衆向けに「上演」（演劇等の場合）や「演奏」（音楽の場合）されない権利であり，このような行為を行えば，著作者の上演権や演奏権が働きます（**第22条**）。この上演・演奏には，「生」の上演・演奏だけでなく，CDやDVDなどの「録音物・録画物から音楽や演劇等を再生すること」にも権利が働きます。

　上演権・演奏権は「公衆に直接見せ又は聞かせることを目的として」行われる場合に権利が働きます（次頁以降，「公に」とあるのは，「公衆に直接見せ又は聞かせることを目的として」の意味）。観客の目の前で演奏等を行う場合が「直接」の典型的なケースですが，例えば，観客がいないスタジオで演奏行為が行われ，その演奏を離れた場所にあるホールの観客に聞かせたりすることも「直

接」の概念に含まれます。

　また，第22条以下の利用に関する権利については，「公衆」に対する行為の場合に権利が働きます。ただし，著作権法上の「公衆」は，一般的な「公衆」の概念とは異なるため，注意が必要です。

◆　「公衆」とは？

　著作権法の「公衆」には，「不特定の者」のほか「特定かつ多数の者」も含まれます。**（第2条第5項）**

	少数の者	多数の者
特定の者	公衆ではない	公衆
不特定の者	公衆	公衆

　相手が「一人」であっても，「誰でも対象となる」ようなサービスを行えば，「不特定の者」に対するサービスとして，公衆向けと評価されます。

　例えば，一人しか入れない電話ボックス程度の大きさの箱の中でビデオを上映している場合，「1回に入れるのは一人だが，順番を待って100円払えば誰でも入れる」というときは，「公衆向けに上映した」ことになります。また，ファックス送信などの場合，1回の送信は「一人向け」だが，「申込みがあれば誰にでも送信する」というサービスを行うと「公衆向けに送信した」ことになります。さらに，一つしかない複製物を「譲渡」「貸与」するような場合，「特定の一人」に対して，「あなたに見て（聞いて）欲しいのです」と言って渡す場合は「公衆」向けとはなりませんが，「誰か欲しい人はいませんか？」と言って希望した人に渡した場合には，「不特定の者」＝「公衆」向けということになります。

　「特定かつ多数の者」を「公衆」に含めているのは，「会員のみが対象なので，不特定の人向けではない」といった脱法行為を防ぐためです。なお，何人以上が「多数」かについては，著作物の種類や利用態様によって異なり，一概に何人とはいえません。一方，「特定少数の者」の例としては，「電話で話しているときに歌を歌う」とか「子どもたちが両親の前で劇をする」

といった場合がこれに当たり，こうした場合には著作権は働きません。

【上映権】

> 第22条の2（上映権）
> 　著作者は，その著作物を公に上映する権利を専有する。

　著作物を，映写機等を用いて公衆向けに「上映」する（スクリーンやディスプレイに映し出す）ことに関する権利であり，このような行為を行えば著作者の上映権が働きます（第22条の2）。

　この権利は，映画の著作物に限らず，美術，言語，写真などの著作物が対象となりますが，有線か無線かを問わず，著作物をスクリーンやディスプレイ画面等に映し出すような行為が該当します。例えば，インターネットを通じて動画や静止画を入手し，一旦パソコン内に「固定」した後，ディスプレイ上に映し出して公衆に見せる行為も上映に当たります。

【公衆送信権・公の伝達権】

> 第23条（公衆送信権）
> 　著作者は，その著作物について，公衆送信（自動公衆送信の場合にあつては，送信可能化を含む。）を行う権利を専有する。
> 2　著作者は，公衆送信されるその著作物を受信装置を用いて公に伝達する権利を専有する。

　「公衆送信権」は，放送，有線放送，インターネット等，著作物を公衆向けに送信することに関する権利です（第23条）。このような行為を行えば，著作者の公衆送信権が働きます。

　公衆向けであれば，無線・有線を問わず，あらゆる送信形態が対象となり，具体的には次の図のような行為が該当します。

◆放送

　情報が，常に受信者の手元まで無線で送信されており，受信者がチャンネルを合わせることで視聴できる送信形態

◆有線放送

　情報が，常に受信者の手元まで有線で送信されており，受信者がチャンネルを合わせることで視聴できる送信形態

◆自動公衆送信

　インターネットのように，受信者がアクセスした情報だけ手元に送信されるような送信形態。自動公衆送信装置（サーバー等）の内部に情報が蓄積されるウェブサイトのような「蓄積型」と，自動公衆送信装置への蓄積を伴わないウェブキャストのような「入力型」に分けられ，蓄積・入力された情報は，受信者からアクセスがあり次第，自動的に送信されるため，「自動公衆送信」と呼ばれています。

　また，送信の準備段階として，送信される状態に置く行為（いわゆる「アッ

プロード」等）を「送信可能化」と定義しており，アップロードも「自動公衆送信」に含まれます。したがって，受信者への送信が行われていなくても，無断でアップロードすると権利侵害となります。

なお，学校内などの「同一の構内」においてのみ行われる送信は公衆送信の概念から除かれています。校内 LAN を使う場合も同様です（ただし，プログラムの著作物は除かれます）。

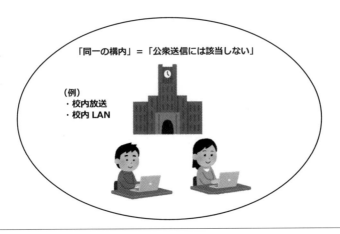

◆その他の公衆送信

　電話などで公衆から申込みを受けて，ファックスやメール等を用いて手動で送信するような形態。これに対し，サーバー等の機器によってこれを自動化したものが「自動公衆送信」に該当します。

　「公の伝達権」は，公衆送信される著作物を，テレビなどの受信装置を使って公衆向けに伝達する（公衆に見せたり聞かせたりする）ことに関する権利です（第23条第2項）。

　具体的には，公衆送信される放送番組を受信装置であるテレビを使って公衆に視聴させる行為や，インターネット等によって公衆送信される著作物を，ディスプレイ等を用いて公衆に伝達するような行為等が該当します。

　なお，パソコン等に保存（固定）されている著作物をスクリーン等に映し出す行為は「上映」に該当し，「公の伝達」には該当しません。

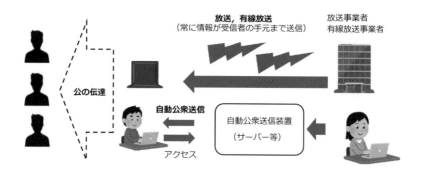

【口述権】

> 第24条（口述権）
> 著作者は，その**言語の著作物を公に口述する権利を専有する**。

「口述権」は，小説等の「言語の著作物」のみを対象として付与されている
もので，朗読などの方法により公衆に伝達すること（演劇的な著作物の口演は
除く。）に関する権利です。このような行為を行えば，著作者の口述権が働き
ます（**第24条**）。

「口述」には，「生」の口述だけでなく，**CD**などに録音された講演などを再
生したり，離れた場所にあるスピーカーを通じて聞かせる行為も含まれます。

【展示権】

> 第25条（展示権）
> 著作者は，その美術の著作物又は**まだ発行されていない写真の著作物をこ
> れらの原作品により公に展示する権利を専有する**。

「展示権」は，「美術の著作物の原作品」と「未発行の写真の著作物の原作品」
のみを対象として付与されているもので，これらを公衆向けに「展示」するこ
とに関する権利です。このような行為を行えば，著作者の展示権が働きます（**第
25条**）。

原作品とは，美術の著作物の場合，画家が創作した作品そのもののことです。
また，写真の著作物の場合は，印画紙にプリントされたものが原作品となりま
す。なお，通常，絵画が売買されても，売主から買主へ移転するのは，物とし
ての絵画の「所有権」だけで，「著作権」は，著作権を譲渡するという契約が
行われていなければ，著作権者が引き続き保有しています。

したがって，物としての絵画を購入しても，著作権者に無断で「複製」や「展
示」は原則としてできないことになります。なお，「美術の著作物等の原作品
の所有者による展示」については，例外規定が設けられています。

【譲渡権】

> 第 26 条の 2（譲渡権）
>
> 　著作者は，その著作物（映画の著作物を除く。以下この条において同じ。）<u>をその原作品又は複製物</u>（映画の著作物において複製されている著作物にあつては，当該映画の著作物の複製物を除く。以下この条において同じ。）<u>の譲渡により公衆に提供する権利を専有する</u>。
>
> 2　省略

　「譲渡権」は，著作物の原作品または複製物の公衆向けの譲渡に関する権利で，このような行為を行えば，著作者の譲渡権が働きます（**第 26 条の 2**）。

　この権利が設けられたのは，主として，無断で海賊版を大量に作った侵害者が，これを全部第三者に一括して転売してしまった場合に，海賊版作成者ではない第三者による販売を差し止められるようにするためです。したがって，「いったん適法に譲渡されたもの」については，譲渡権がなくなります（**第 26 条の 2 第 2 項第 1 号**）。例えば，店頭で売られている本や音楽 CD を買った場合，譲渡権はすでに消滅していますので，転売は自由です。また，この権利が働くのは「公衆」向けに譲渡する場合のみですので，「特定少数の人」へのプレゼントのような場合には，この権利は働きません。さらに，後に解説する「例外」（25 ページ以降参照）によって公衆への譲渡が当然想定されているような場合（例：教員による教材のコピー・配布行為）には，複製権だけでなく譲渡権についても著作者の権利が制限されます（**第 47 条の 7**）。

【貸与権】

> 第 26 条の 3（貸与権）
>
> 　著作者は，その著作物（映画の著作物を除く。）<u>をその複製物</u>（映画の著作物において複製されている著作物にあつては，当該映画の著作物の複製物を除く。）<u>の貸与により公衆に提供する権利を専有する</u>。

　「貸与権」は，著作物を「複製物の貸与」という方法によって公衆に提供することに関する権利で，このような行為を行えば，著作者の貸与権が働きます（**第 26 条の 3**）。

　「貸与権」は，レコードレンタル業の発達に対応するため，昭和59（1984）年の著作権法改正により導入された権利です。レンタル業のうち，当時の貸本業は零細な事業者が多く，事業者数もそう多くなかったことから，書籍・雑誌の貸与は，（主として楽譜により構成されているものを除いて）当分の間は貸与権が働かないこととされました。しかしながら，平成15（2003）年ごろから大手事業者がコミックレンタル業に参入してきたことなどから，平成16（2004）年に著作権法が改正され，他の著作物と同様，書籍等の貸与についても原則として権利者に無断でできないことになりました。貸与には，どのような名義・方法でするかを問わず，貸与と同様の使用の権原を取得させる行為（例えば買戻特約付譲渡等）も含まれます（**第2条第8項**）。

　なお，図書館などでの館外への書籍等の貸出しは「貸与」に該当しますが，「非営利・無料」の場合の貸与については，例外規定が定められています（35ページ参照）。

【頒布権】

> 第26条（頒布権）
> 　著作者は，その<u>映画の著作物</u>を<u>その複製物により頒布する権利を専有する</u>。
> 2　著作者は，映画の著作物において複製されているその著作物を当該映画の著作物の複製物により頒布する権利を専有する。

　映画の著作物（映画，アニメ，ビデオなどの録画されている動く影像）の場合に限り，「譲渡」と「貸与」の両方を対象とする「頒布権」という権利が付与されています（**第26条**）。

　「頒布」とは，公衆向けに「譲渡」したり「貸与」したりすることですが，この「頒布権」は，特定少数への譲渡・貸与であっても，公衆向けの上映を目的として行われる場合には権利が及ぶとされています。この「頒布権」のうち譲渡に関する部分については，「譲渡権」とは異なり，適法に譲渡された後の再譲渡にも権利が及ぶことに注意が必要です。このように「頒布権」は非常に強力な権利となっていますが，市販用のビデオなどが出現する前の「劇場用映

画」の配給形態を前提としたものであり，公衆に提示することを目的としない市販用ビデオ・DVD や家庭用ゲームソフトなどを譲渡することについては，一旦適法に譲渡された後，公衆に再譲渡することについては，「頒布権」は消滅するという判断が示されました（平成14（2002）年4月25日の最高裁判決「中古ゲームソフト差止請求」事件参照）。

　なお，第26条第1項は，第29条によって法定帰属する映画製作者の頒布権であり，第26条第2項は，映画の中に収録されている音楽や美術作品の著作者が，映画の著作物としての一体的利用に関して有する頒布権を定めたものです。このほか，原作をもとに映画の著作物（二次的著作物）が作られた場合，原作者は，第28条の権利（二次的著作物の利用に関する原著作者の権利）を通じて頒布権を有することになります。

【翻訳権，翻案権等】

第27条（翻訳権，翻案権等）
　著作者は，その著作物を翻訳し，編曲し，若しくは変形し，又は脚色し，映画化し，その他翻案する権利を専有する。

　「翻訳権・翻案権等」は，著作物（原作）を，翻訳，編曲，変形，脚色，映画化などにより，創作的に「加工」することによって，「二次的著作物」を創作することに関する権利です（第27条）。例えば，原作者であるAさんの作品をBさんが翻訳して出版したい場合，BさんはAさんに翻訳権の了解を得なければなりません。

【二次的著作物の利用に関する原著作者の権利】

第28条（二次的著作物の利用に関する原著作者の権利）
　二次的著作物の原著作物の著作者は，当該二次的著作物の利用に関し，この款に規定する権利で当該二次的著作物の著作者が有するものと同一の種類の権利を専有する。

　「二次的著作物の利用に関する原著作者の権利」は，自分の著作物を基に創られた「二次的著作物」を第三者が利用する場合に関する権利です（第28条）。

　例えば，原作者であるAさんの作品をBさんが（Aさんの了解を得て）翻訳し，この翻訳物（二次的著作物）をCさんがコピーするとします。この場合，翻訳物の著作者はBさんですので，CさんはBさんの了解を得る必要がありますが，原作者であるAさんは，「二次的著作物の利用に関する原著作者の権利」を持つため，Aさんの了解も得る必要があります。

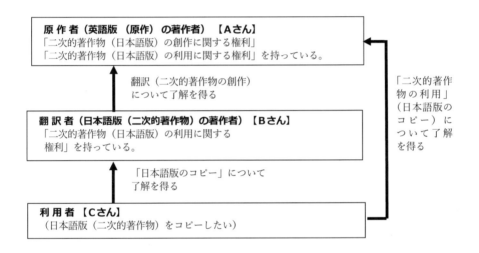

1.3　著作権はいつまで存続するのか

(1)「著作権（財産権）」の保護期間

　著作権や著作隣接権などの権利には一定の存続期間が定められており，この期間を「保護期間」といいます。これは，著作者等に権利を認め保護することが大切である一方，一定期間が経過した著作物等については，その利用による新たな創造の観点から，権利を消滅させ，社会全体の共有財産として自由に利用できるようにすることが「文化の発展」にとって必要であると考えられたためです。

【原則】

「著作権（財産権）」の保護期間は，著作者が著作物を「創作したとき」に始まり，原則として，著作者の「生存している期間＋死後70年間」です（第51条）。

【例外】

◆無名・変名の著作物，団体名義の著作物等

無名・変名の著作物，団体名義の著作物，映画の著作物の保護期間は，原則として，公表の時から起算されます。

著作物の種類	保　護　期　間
○無名・変名の著作物 　（周知の変名は除く） 　　　　　　　　　　　（第52条）	公表後70年 （死後70年経過が明らかであれば，その時点まで）
○団体名義の著作物 　（著作者が法人か個人かは問わない） 　　　　　　　　　　　（第53条）	公表後70年 （創作後70年以内に公表されなかったときは，創作後70年）
○映画の著作物 　　　　　　　　　　　（第54条）	公表後70年 （創作後70年以内に公表されなかったときは，創作後70年）

なお，「著作者人格権」は一身専属の権利とされているため（**第59条**），著作者が死亡（法人の場合は解散）すれば権利も消滅することとなります。つまり，保護期間は著作者の「生存している期間」です。しかし，著作者の死後（法人の解散後）においても，原則として，著作者人格権の侵害となるべき行為をしてはならないこととされています（**第60条**）。

◆新聞・雑誌等の定期刊行物

新聞・雑誌等の継続的刊行物（定期刊行物など）に掲載された著作物についても，原則として保護期間は「死後70年」までですが，上記の「無名・変名」の著作物など，保護期間が「公表後70年」とされるものについては，公表時点をいつにするか問題が生じます。これについては，以下のようになります（**第56条**）。

区　　　　　分	保　護　期　間
○著作物の一部分ずつが発行され，一定期間内に完成されるもの（連載小説など）	最終部分が公表されたときから70年 継続すべき部分が直近の公表の時から3年を経過しても公表されないときは，すでに公表されたもののうち最終の部分が公表された時から70年
○上記以外のもの	各号・各冊の公表のときから70年

　また，「公表された著作物」とは別に，新聞・雑誌等の全体も「編集著作物」として保護されますが，こうした定期刊行物（編集著作物）であって，その保護期間が「公表後70年」とされるものについても，同じ規定が適用されます。

　(a) 百科事典や文学全集のように「全巻を合わせて1つの編集著作物」となるもので，定期刊行によって最後に全巻がそろうもの

　　　→　最終部分が公表されたとき

　(b) (a) 以外の一般の定期刊行物　→　各号・各冊が公表されたとき

【保護期間の計算方法】

　保護期間は，著作者が死亡した日，公表された日，創作された日の属する年の「翌年の1月1日」から起算します（第57条）。例えば，手塚治虫さんの著作物は，手塚さんが平成元（1989）年に亡くなられましたから，平成2（1990）年1月1日から起算して70年後の令和41(2059)年12月31日まで保護されます。

　「死亡した年の月日にかかわらず，死亡年に70年を加算した年の12月31日まで」と考えれば理解しやすいでしょう。

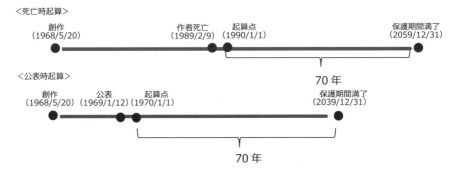

(2) 条約により保護すべき著作物の保護期間

【原則】

　ベルヌ条約をはじめとする著作権に関する条約では，自国民と同等以上の保護を条約締結国民に与える「内国民待遇」が原則とされています。

　したがって，原則として，条約上保護義務を負う著作物の保護期間は，我が国の著作権法の仕組みによることとなりますが，以下の特例があります。

【外国人の著作物の保護期間の特例】

（a）保護期間の相互主義

　我が国より保護期間が短い国の著作物は，その相手国の保護期間だけ保護されます（これを「保護期間の相互主義」といいます）。例えば，ある国で著作権の保護期間が著作者の死後50年間であれば，我が国の著作物は当該国では50年間保護される一方，我が国でも当該国の著作物は50年間保護すれば足りることとなります（第58条）。

（b）保護期間の戦時加算

　平和条約に基づき，条約関係にある連合国および連合国の国民が第二次世界大戦前または大戦中に取得した著作権については，通常の保護期間に戦争期間（昭和16（1941）年12月8日または著作権を取得した日から平和条約の発効する日の前日までの実日数（アメリカ・イギリス・オーストラリア・カナダ・フランス：3794日，ブラジル：3816日，オランダ：3844日，ノルウェー：3846日，ベルギー：3910日，南アフリカ：3929日，ギリシャ：4180日等））を加算することとなっています（連合国及び連合国民の著作権の特例に関する法律第41条）。

（c）翻訳権の保護期間

（イ）翻訳権10年留保

　我が国はかつて，著作物が最初に発行された年から10年以内に翻訳物が発行されなかった場合翻訳権が消滅し，自由に翻訳することができる制度（翻訳

権不行使による 10 年消滅制度）を適用することを，ベルヌ条約上，宣言していました。

しかし，現行法制度制定当時に，同宣言を撤回したことから，現行著作権法施行前に発行された著作物についてのみ，翻訳権不行使による 10 年消滅制度が適用されます（**附則第 8 条**）。

（ロ）翻訳権の 7 年強制許諾

著作物が最初に発行された年から 7 年以内に翻訳物が発行されない場合で，翻訳権者から翻訳の了解が得られない時，文化庁長官の許可を受け，所定の補償金を払って翻訳することができる制度があります。なお，この制度は，万国著作権条約に基づく保護のみを受ける国の著作物について適用されます（万国著作権条約の実施に伴う著作権法の特例に関する法律第 5 条）。

【参考】旧著作権法下における著作権の保護期間について

旧著作権法（明治 32（1899）年制定，以下「旧法」）と現行著作権法（昭和 46（1971）年 1 月 1 日施行）では著作物の保護期間が異なっていますので，旧法の時代に公表または創作された著作物の著作権が存続しているか否かを考える際には，旧法および現行著作権法の保護期間の規定を調べる必要があります。[1]

旧法および現行著作権法における著作物の保護期間は，数次にわたる改正の結果，次の表のようになっています。

[1]　法改正により保護期間の長さが変更される場合は，それぞれの改正法の施行の際，現に著作権が消滅していないもののみが，変更された保護期間の適用を受けます（附則第 2 条，平成 8 年改正法附則第 1 条第 2 項，平成 15 年改正法附則第 2 条，平成 28 年改正法附則第 1 条）。なお，旧法の時代の著作物の保護期間については，変更後の保護期間と比べて，旧法に定められた保護期間のほうが長い場合は，その長い保護期間が適用されます（附則第 7 条，平成 8 年改正法附則第 1 条第 3 項，平成 15 年改正法附則第 3 条）。

著作物の種類	公表名義の別	旧法による保護期間	昭和45年(1970年)法(昭和46年(1971年)1月1日施行)制定後の保護期間	平成8年(1996年)著作権法(平成9年(1997年)3月25日施行)改正後の保護期間	平成15年(2003年)著作権法改正(平成16年(2004年)1月1日施行)後の保護期間	平成28年(2016年)著作権法改正(平成30年(2018年)12月30日施行)後の保護期間※5
映画・写真以外の著作物(小説,美術,音楽,建築,コンピュータ・プログラムなど)	実名(生前公表)	死後38年間	死後50年間			死後70年間
	実名(死後公表)	公表後38年間	死後50年間			死後70年間
	無名・変名	公表後38年間※2	公表後50年間※3			公表後70年間
	団体名義	公表後33年間	公表後50年間※4			公表後70年間
写真の著作物	–	発行又は創作後13年間	公表後50年間	死後50年間		死後70年間
映画の著作物(独創性のあるもの(劇場用映画など))	実名(生前公表)	死後38年間	公表後50年間			公表後70年間
	実名(死後公表)	公表後38年間	公表後50年間			公表後70年間
	無名・変名	公表後38年間	公表後50年間			公表後70年間
	団体名義	公表後33年間	公表後50年間			公表後70年間
映画の著作物(独創性のないもの(ニュース映画,記録映画など))	–	発行又は創作後13年間	公表後50年間		公表後70年間	

※2 無名・変名により公表された後,昭和45(1970)年12月31日までの間に実名登録を受けたものについては,保護期間は,著作者の死後38年間となります。

※3 旧法の時代の著作物のうち,昭和46(1971)年1月1日以降において,かつ,公表後50年が経過するまでの間に,実名登録を受けたものまたは実名・周知の変名により公表されたものについては,保護期間は,著作者の死後50年間となります。

※4 旧法の時代の著作物のうち,昭和46(1971)年1月1日以降において,かつ,公表後50年が経過するまでの間に,実名・周知の変名により公表されたものについては,保護期間は,著作者の死後50年間となります。

※5 TPP11協定の発効日が平成30(2018)年12月30日となったことにより,著作物等の保護期間の延長を含めた著作権法改正が同日から施行されることとなり,原則として昭和43年(1968年)以降に亡くなった方の著作物の保護期間が延長されることとなりました。具体的には,昭和43年(1968年)に亡くなった方の著作物の保護期間(原則)は平成30(2018)年12月31日まででしたが,平成30(2018)年12月30日付けで著作者の死後50年から70年に延長されることになり,20年長く著作物が保護されることとなりました。
　　例えば,藤田嗣治さんの著作物は,藤田さんが昭和43(1968)年に亡くなられましたから,昭和44(1969)年1月1日から起算して,これまでは50年後の,平成30(2018)年12月31日まで保護されるとされていましたが,TPP整備法による著作権法の改正により,70年後の,2038年12月31日まで保護されることとなりました。

1.4 著作者の権利の制限（許諾を得ずに利用できる場合）

他人の著作物を利用する場合は，原則として，著作権者の了解を得ることが必要ですが，著作権法では，一定の場合には，著作権者の了解を得ずに著作物等を利用できる例外規定が置かれています。この例外規定は，著作者の「財産権（著作権）」を制限することで公正な利用を確保するという趣旨から「権利制限規定」と呼ばれています。

権利制限規定の要件に合致する利用であれば，他人の著作物を利用することは可能ですが，例外規定の適用を受けて複製物を作成した場合であっても，その複製物を目的外に使用することはもちろん許されません（例えば，教育機関において担任する者が授業で用いるために著作物の複製を行った後，授業目的以外の目的で使用する場合などが該当します。このような場合，権利者の了解を得ることが必要です）。

また，権利制限規定によって著作物を利用する際，「出所の明示」をすべき場合や，「補償金の支払い」をすべき場合なども法律に定められています。

なお，著作者の「財産権（著作権）」が制限されて，例外的に許諾を得ずに複製等ができる場合には，関係する「著作隣接権」も制限され，「複製権」が制限される場合に配布（譲渡）を伴うことが当然想定されるときは，「譲渡権」についても権利制限の対象となります。

しかし，「財産権」が制限されていても「人格権」が制限されているとは限りませんので注意が必要です（無断での「複製」が例外的に許されても，無断での「改変」や「氏名表示の省略」が当然に許されるわけではありません）。

原則 ➡ **著作権者の許諾（了解）を得て利用する**

（著作物の利用の許諾）
第63条 著作権者は，他人に対し，その著作物の利用を許諾することができる。
2 前項の許諾を得た者は，その許諾に係る利用方法及び条件の範囲内において，その許諾に係る著作物を利用することができる。

例外（著作者の権利の制限）➡ **許諾を得ずに著作物を利用できる**

【権利制限規定】
・私的使用のための複製（第30条）
・引用（第32条）
・営利を目的としない上演等（第38条）
・裁判手続，立法・行政目的のための内部資料としての複製（第42条第1項）など

次からは，図書館業務に係る権利制限規定を紹介しています。

【私的使用のための複製】（第30条）

　テレビ番組を録画しておいて後日自分で見る場合などのように，家庭内など限られた範囲内で，仕事以外で使用することを目的として，使用する本人が複製する場合の例外です。インターネットから著作物をダウンロードしたりプリントアウトしたりすることにも，この例外は適用されます。また，学校の児童生徒などが本人の学習のために行う複製（コンピュータ，インターネット等の利用を含む）も，この例外の対象です。

【条件】

1　個人的にまたは家庭内など，限られた範囲内での使用を目的とすること（仕事での利用は対象外）

2　使用する本人が複製すること（使用者の手足として他者に複製作業を頼むことは可能）

3　以下の利用に該当しないこと
　・誰でも使える状態で設置してあるダビング機など（当分の間，コンビニ等のコピー機など「文献複写」のみに用いるものは除かれています）を用いて複製すること

・コピーガードを解除して（または解除されていることを知りつつ）複製すること
・著作権を侵害したインターネット配信と知りつつ，音楽や映像をダウンロードすること
・著作権を侵害したインターネット配信と知りつつ，音楽や映像以外の著作物（漫画，書籍，論文，コンピュータ・プログラム等）をダウンロードすること（軽微なもののダウンロード等，一定の利用は除かれています）
※翻訳，編曲，変形または翻案も可

【図書館等での複製】（第31条第1項）

　国立国会図書館，公立図書館，大学図書館，美術館・博物館等が所蔵資料を複製する場合の例外です。
【条件】
1　国立国会図書館または政令で定める図書館・美術館・博物館等であること
2　「営利」を目的としない事業として行われる複製であること
3　複製行為の「主体」が図書館等であること
4　その図書館等が所蔵している資料を複製すること
5　次のいずれかの場合であること
　・調査研究を行う利用者の求めに応じて，すでに公表されている著作物の一部分（国や地方公共団体などが一般に周知させることを目的として作成した広報資料等や，全部を複製しても著作者の利益を不当に害しないと認められる特別な事情があるとして政令で定めるものについては，全部でもよい）を，一人につき一部提供する場合
　・所蔵資料の保存のために必要がある場合
　・他の図書館等の求めに応じ，絶版その他これに準ずる理由により一般に入手することが困難な所蔵資料（絶版等資料）の複製物を提供する場合
※コピーサービスについては，翻訳も可

【特定図書館等から利用者への所蔵資料のインターネット送信】（第31条第2～5項）※令和5年6月施行

　特定図書館等が，直接，利用者へ所蔵資料をインターネット送信する場合の例外です。

【条件】

（特定図書館等による複製，公衆送信について）

1　「特定図書館等＊」に該当していること
2　「営利」を目的としない事業であること
3　インターネット送信のための複製行為の「主体」が「特定図書館」であること
4　その図書館等が所蔵している資料であること
5　調査研究を行う利用者の求めに応じて，すでに公表されている著作物の一部分（国や地方公共団体などが一般に周知させることを目的として作成した広報資料等や，全部を複製しても著作者の利益を不当に害しないと認められる特別な事情があるとして政令で定めるものについては，全部でもよい）を，インターネット送信する行為であること
6　利用者が予め「特定図書館」に利用者情報を登録していること
7　「特定図書館」の設置者が，相当な額の補償金を支払うこと
8　その著作物の種類や用途などから判断して，著作権者の利益を不当に害さないこと
9　（利用者による複製について）受信した著作物を調査研究の用に供するために必要と認められる限度において複製すること

＊特定図書館の条件
　・国立国会図書館または政令で定める図書館・美術館・博物館等であること
　・資料の公衆送信を適正に実施するための責任者が置かれていること
　・資料の公衆送信を行う職員に対し，該当業務を適正に実施するための研修を行っていること
　・利用者情報を適切に管理する措置を講じていること
　・インターネット送信のために作成された資料データについて，目的外の利用をされないよう防止し，または抑止するために必要な措置を講じていること
　・その他，文部科学省令で定める措置を講じていること

【国立国会図書館の所蔵資料の電子化】（第31条第6項）

> 国立国会図書館がその所蔵資料を電子化する場合の例外です。
> 【条件】
> 1　以下の場合であること
> ・原本の滅失，損傷もしくは汚損を避けるために原本に代えて公衆の利用に供する目的で電子化すること
> ・第31条第7項または第8項のインターネット送信を目的として絶版等資料を電子化すること
> 2　必要な限度内のものであること

【国立国会図書館から公共図書館等への絶版等資料のインターネット送信】（第31条第7項）

> 国立国会図書館が，政令で定める国内の公立図書館や外国の図書館等に対して電子化された絶版等資料をインターネット送信することや，送信先の公立図書館などにおいてコピーする場合の例外です。
> 【条件】
> 1　インターネット送信の対象は，絶版等資料に係る著作物であること
> 2　政令で定める図書館等またはこれに類する外国の施設への送信であること
> 3　上記の施設において公衆に提示することを目的とする場合であること
> 4　送信先の図書館等における以下の行為であること
> （ⅰ）複製物の提供
> ・コピー行為の「主体」が図書館等であること
> ・「営利」を目的としない事業として行われるものであること
> ・利用者の求めに応じ，利用者が自ら利用するために行うものであること
> ・自動公衆送信された著作物の複製物を作成し，複製物を提供すること
> （ⅱ）公の伝達
> ・国会図書館から送信された著作物を受信装置を用いて公に伝達すること
> ・伝達を受ける者から料金を受けないこと
> ※4（ⅰ）については，翻訳も可

【国立国会図書館から利用者への絶版等資料のインターネット送信】
（第31条第8項・第9項）　※令和4年5月施行

　　国立国会図書館が，直接，利用者へ絶版等資料（著作権者等から申出のあった日から3か月以内に絶版等資料に該当しなくなる蓋然性が高いことを国立国会図書館長が認めた資料を除く）をインターネット送信する場合の例外です。

【条件】
1　絶版等資料に係る著作物であること
2　あらかじめ国立国会図書館に利用者情報を登録している者に対する送信であること
3　デジタル方式の複製を防止または抑止する措置を講じていること
4　事前登録者であることを識別するための措置を講じていること
5　事前登録者は自ら利用するために必要と認められる限度で複製すること
6　自動公衆送信された著作物を受信装置を用いて公に伝達すること（非営利・無料等の場合に限定。※国，地方公共団体等が設置する非営利施設において，必要な知識を持った職員を配置する施設で非営利・無料で行う場合を含む。）

※5については，翻訳も可

〜図書館関係の権利制限規定の見直し〜

令和3（2021）年の著作権法改正により，図書館関係の権利制限規定の見直しが行われ，「国立国会図書館による絶版等資料のインターネット送信」および「特定図書館等による所蔵資料のインターネット送信」に関する規定が新たに創設されました。

①国立国会図書館による絶版等資料のインターネット送信（令和4年5月1日施行）

従来，国立国会図書館がデジタル化した絶版等資料のデータを，公共図書館や大学図書館等に送信することが可能とされていましたが，令和3年著作権法改正において，国立国会図書館が絶版等資料（3か月以内に復刻等の予定があるものを除く。）のデータを，事前登録した利用者に対して直接送信できることとし，これにより，利用者は自分で利用するために必要な複製（プリントアウト）や，非営利無料等の要件の下での公の伝達（ディスプレイなどを用いて公衆に見せること）が可能となりました。

※権利者団体や出版者団体，有識者などをメンバーとする「国立国会図書館による入手困難資料の個人送信に関する関係者協議会」による合意文書
https://www.ndl.go.jp/jp/preservation/digitization/kojinsoshin_agreement.pdf

②特定図書館等から利用者への所蔵資料のインターネット送信（令和5年6月1日施行）

国立国会図書館をはじめ，公共図書館，大学図書館等では，利用者の調査研究の用に供するため，図書館資料を用いて，著作物の一部分の複製物を一人につき1部提供することが可能ですが，メールなどでの送信は例外規定に該当せず，簡易・迅速な資料の入手が困難な状況でした。このため，令和3年著作権法改正において，権利者保護のための厳格な要件の下，図書館資料を用いて，著作物の一部分（政令で定める場合は全部）をメールなどで送信することを可能とし，その際，図書館等の設置者が権利者に補償金を支払うことが義務づけられました。補償金の徴収・分配については，

文化庁が指定する指定管理団体（一般社団法人図書館等公衆送信補償金管理協会（SARLIB））が一括して行うこととされています。

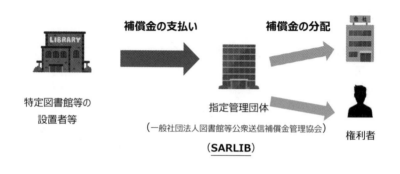

「図書館資料公衆送信補償金制度」

特定図書館等から，所蔵資料をインターネット送信する場合は，指定管理団体である「SARLIB」に事前登録した上で，一定の補償金を支払えば，著作物を適法に利用可能

補償金の支払い　　　　**補償金の分配**

特定図書館等の
設置者等

指定管理団体

（一般社団法人図書館等公衆送信補償金管理協会）

（SARLIB）

権利者

【「引用」】（第 32 条第 1 項）

　報道，批評，研究等の目的で，他人の著作物を「引用」して利用する場合の例外です。例えば，報道の材料として他人の著作物の一部を利用したり，自説の補強や他人の考え方を論評するために他人の著作物の一部を利用するような行為が該当します。

【条件】

1　すでに公表されている著作物であること

2　「公正な慣行」に合致すること（例えば，引用を行う「必然性」があることや，言語の著作物についてはカギ括弧などにより「引用部分」が明確になっていること）

3　報道，批評，研究などの引用の目的上「正当な範囲内」であること（例えば，引用部分とそれ以外の部分の「主従関係」が明確であることや，引用される分量が必要最小限度の範囲内であること，本文が引用文より高い存在価値を持つこと）

4 「出所の明示」が必要（複製以外はその慣行があるとき）

※美術作品や写真，俳句のような短い文芸作品などの場合，その全部を引用して利用することも考えられます。

※自己の著作物に登場する必然性のない他人の著作物の利用や，美術の著作物を実質的に鑑賞するために利用する場合は引用には当たりません。

※翻訳も可

【視覚障害者等向けの「録音図書」等の製作】（第 37 条第 3 項）

　視覚障害者等のための「録音図書」等を製作する（録音等により複製する）場合，もしくはその「録音図書」等をインターネット送信・メール送信する場合の例外です。

【条件】

1 視覚障害その他の障害により視覚による表現の認識が困難な者（視覚障害者等：肢体不自由者等も含む）の利用に供する目的で必要な限度内のものであること

2 視覚障害者等の福祉に関する事業を行う者（政令で定めるもの（※））が行うこと

（※）政令で定めるものとして，障害者施設や図書館等の公共施設の設置者，文化庁長官が個別に指定する者のほかに，一定の要件を満たすボランティア団体等が対象となっています。詳細は，下記の文化庁ホームページを参照。

　　　http://www.bunka.go.jp/seisaku/chosakuken/seidokaisetsu/1412247.html

3 すでに公表されている著作物で，視覚で認識される方式のものであること

4 視覚障害者等が利用するために必要な方式で「複製」「公衆送信（放送または有線放送を除き，自動公衆送信の場合にあっては送信可能化を含む）」するものであること

5 視覚障害者等向けの著作物が著作権者やその許諾を得た者により公衆に提供されていないこと

6 「出所の明示」が必要

※翻訳，変形または翻案も可

【聴覚障害者等向けの「字幕」の作成等】（第37条の2第1号）

　　聴覚障害者等のために「字幕」等の作成や自動公衆送信をする場合の例外です。

【条件】

1　聴覚障害者や発達障害者など聴覚による表現の認識に障害のある者（聴覚障害者等）の利用に供する目的で必要な限度内のものであること

2　聴覚障害者等の福祉に関する事業を行う者（政令で定めるもの）が行うこと

3　すでに公表されている著作物で，聴覚により認識される方式のものであること

4　音声について，字幕等の聴覚障害者等が利用するために必要な方式で「複製」「自動公衆送信」「送信可能化」するものであること

5　聴覚障害者等向けの著作物が著作権者やその許諾を得た者により公衆に提供されていないこと

6　「出所の明示」が必要

※翻訳または翻案も可

【聴覚障害者等向け貸出し用の「字幕入り映像」等の作成】（第37条の2第2号）

　　聴覚障害者等のために，映像への「字幕」の挿入等をする場合の例外です。

【条件】

1　聴覚障害者や発達障害者など聴覚による表現の認識に障害のある者（聴覚障害者等）へ貸し出す目的で必要な限度内のものであること

2　聴覚障害者等の福祉に関する事業を行う者（政令で定めるもの）が行うこと

3　すでに公表されている著作物で，聴覚により認識される方式のものであること

4　音声について字幕等の聴覚障害者等が利用するために必要な方式で作成したものを，映像等に挿入するものであること

5　聴覚障害者等向けの著作物が著作権者やその許諾を得た者により公衆に提供されていないこと

6 「出所の明示」が必要

※翻訳または翻案も可

【「非営利・無料」の場合の著作物の上演，演奏，上映，口述】（第38条第1項）

　学校の学芸会，市民グループの発表会，公民館での上映会など，非営利・無料で出演者等に報酬が支払われないときに，音楽や映画等の著作物を無形的に利用する場合の例外です。

【条件】

1 「上演」「演奏」「上映」「口述」のいずれかであること（「複製・譲渡」や「公衆送信」は含まれない）
2 すでに公表されている著作物であること
3 営利を目的としていないこと
4 聴衆・観衆から料金等を受けないこと
5 出演者等に報酬が支払われないこと
6 慣行があるときは「出所の明示」が必要

【「非営利・無料」の場合の本などの貸与】（第38条第4項）

　図書館等，非営利・無料による本や音楽CDの貸出しなどの場合の例外です（映画・ビデオ等の場合は，第5項が適用されます）。

【条件】

1 すでに公表されている著作物であること
2 営利を目的としていないこと
3 貸与を受ける者から料金を受けないこと

【「非営利・無料」の場合のビデオなどの貸与】（第38条第5項）

　ビデオライブラリーなどによる「ビデオの貸出し」などの場合の例外です（本や音楽CDなどの場合は，第4項が適用されます）。

【条件】

1　視聴覚資料の一般貸出しを目的とする施設または聴覚障害者等の福祉に関する事業を行う者（政令で定めるもの）が行うこと
2　営利を目的とする施設でないこと
3　すでに公表された映画の著作物であること
4　貸与を受ける者から料金を受けないこと
5　権利者に「補償金」を支払うこと

※「営利」とは，反復継続して，その著作物の利用行為自体から直接的に利益を得る場合またはその行為が間接的に利益に具体的に寄与していると認められる場合をいいます。

※「料金」とは，どのような名義のものであるかを問わず，著作物の提供または提示の対価としての性格を有するものをいいます（収益金を見込まず，会場費等に充当する場合等を含みます）。逆に言えば，授業料や入館料等を徴収している施設であっても，それらが著作物の提供または提示の対価として徴収されているものでなければ，本条の「料金」には該当しません（子供会主催の演奏会で茶菓子代を徴収する場合等を指します）。

※「報酬」とは，社会通念上の報酬であり，どのような名目であれ，実演の提供に対する反対給付をいいます。したがって，車代あるいは弁当代が支払われる場合，実質的に車代や弁当代に相当する程度の金額であれば報酬に該当しませんが，名義が車代であった場合でも実際に交通に要する程度を超えるものを支払っていれば報酬になります。

【国立国会図書館によるインターネット資料やオンライン資料の収集のための複製】（第 43 条第 1 項）

国立国会図書館法に基づき，国立国会図書館長がインターネット資料（国，地方公共団体，独立行政法人等がインターネット上で公開している資料）やオンライン資料（民間の出版社等がインターネット等で提供する図書や逐次刊行物等）を収集するために複製する場合の例外です。

【条件】

1 国立国会図書館法に規定されるインターネット資料・オンライン資料であること

2 収集に必要な限度内のものであること

【インターネット資料やオンライン資料の国立国会図書館への提供のための複製】（第 43 条第 2 項）

国，地方公共団体，独立行政法人等がインターネット資料を国立国会図書館に提供する場合，または，民間の出版社等がオンライン資料を国立国会図書館に提供するために複製する場合の例外です。

【条件】

1 国立国会図書館法の規定に基づいて国立国会図書館の求めに応じるために複製するものであること

2 提供に必要な限度内のものであること

2. 補償金制度等について

村瀬拓男

2.1 SARLIB について

　一般社団法人図書館等公衆送信補償金管理協会（略称「SARLIB」）は，2021（令和 3）年の著作権法改正により新設された，特定図書館等から利用者への図書館資料の公衆送信サービス（以下「本制度」という）に関して，著作権者等に対する補償金の収受・分配を行う唯一の団体として指定されている団体となります。

　SARLIB は，学術著作権協会，自然科学書協会，出版梓会，新聞著作権管理協会，デジタル出版者連盟，日本医書出版協会，日本音楽著作権協会，日本楽譜出版協会，日本雑誌協会，日本写真著作権協会，日本書籍出版協会，日本美術著作権連合，日本文藝家協会，日本漫画家協会（五十音順）の，著作権者，出版者団体 14 団体で構成されています。これは，補償金の受領権者が著作権者および 2 号出版権者（公衆送信に関する出版権）とされていること，図書館資料を複製して公衆送信する制度であるため出版物に掲載されている著作物がもっぱら対象となること，およびこの制度が出版物流通に影響を及ぼし得るものであることから，著作権者と出版者が協働して対応することが望ましいとの考えから構成されたためです。

　本制度に関する審議を行った文化審議会著作権分科会法制度小委員会は，その報告書の中で「（ア）今回のメール送信等（公衆送信）によって直接的に権利が制限されるわけではない出版権者（法第 80 条第 1 項第 1 号に規定する紙の出版権を有する者）についても利益確保を図る必要があるとともに，（イ）

正規の出版の場合には，出版権が設定されているか否かに関わらず，出版により生じた利益は著者と出版社（発行者）の双方が得ることとなることを踏まえ，著作権者からライセンスを受け一体となってビジネスを行っている出版社について，出版権が設定されていない場合の利益確保も図る必要がある。この点，これらの者についての取扱いを法律で直接規定することは困難であると考えられるため，著作者と出版社がそれぞれ適正な利益を得ることができるよう，関係者間で合理的なルール作りを行うこととすべきと考えられる。」としており，まさに関係者間における合理的なルール作りの場として，SARLIB が機能していくことが求められています。

2.2 補償金制度の考え方

(1) 補償金規程

現行の補償金規程（以下「本規程」という）は，本制度の施行前である 2023（令和 5）年 3 月 29 日に認可を受けたものです。本規程は本制度の施行日である 2023 年 6 月 1 日から実施され，実施後は 3 年毎に実施状況を勘案して必要な措置を施すものとされています（本規程附則第 2 項）。特別な事情が生じた場合には 3 年経過前に検討することも定められており，定期的な見直しが予定されている規程ということになります。

(2) 補償金額の算定方式について

本規程第 3 条に具体的な算定式が掲げられていますが，図書館資料を「新聞」「（雑誌を含む）定期刊行物」「本体価格が明示されている図書」「その他の図書」の 4 種類に分けて定めたこと，利用された図書館資料のページ数に比例していること，および価格が明示されている図書については利用時点の価格を基にしていること，がポイントとなります。

本制度の補償金は，個別の送信利用ごとに算出されるものである一方，裁定制度のようなアドホックな決定方法ではなく，一般的な基準によることが求められていました。後述するように，本制度は個別の送信利用ごとに算定された

補償金額を図書館設置者が SARLIB に対して支払うものであり，その補償金相当額を利用者に負担してもらうことが想定されていることから，公衆送信業務を行う図書館にとって可能な限り明確に運用できる基準であって，利用者にとってもわかりやすいものである必要があるからです。

　そこで，「明確さ」「わかりやすさ」の観点から，図書館資料の外形的な違いに着目した基準を採用することとし，新聞，雑誌，図書に大別して定めることにしたわけです。

(3) 図書の補償金額について

　本制度の補償金の額としては権利者の逸失利益を補填する水準であることが求められていました。ここで問題となるのは「逸失利益」について何を基準に算定するのか，というところです。

　図書館資料の大半は出版物ですが，出版物の価格は掲載されている著作物の「価値」によって定まるものではなく，掲載著作物の利用料に加えて，取材，執筆，デザイン等のコストおよび印刷・製本のコストと，想定販売数との関係で定められます。そしてコストの中でも印刷・製本のコストは販売数が多くなるほど，相対的に一冊あたりの額は低くなる関係にあります。

　また，上記の著作権分科会法制度小委員会の報告書にもある「出版社の利益確保を図る必要」も考慮すると，出版物の価格を「逸失利益」算出のベースとすることが妥当であると考えられます。なお長期にわたって刊行されている出版物については，コスト等の変動に伴って価格改定が行われることも多いことから，出版物の価格は，初版発行時，図書館資料としての購入時ではなく，現在の価格を採用することとしました。

　なお，出版物の価格は図書館では取り外されるカバーに表記されているのが一般的であり，かつ「現在の価格」を採用するとした場合，図書館では資料現物では確認のしようがありません。そこで，SARLIB は，出版情報のデータベースを管理している（一社）日本出版インフラセンターの協力を得て，参加図書館等に対して価格情報の提供を行うことを予定しています。また，補償金算定式においては，価格に利用ページ数を総ページ数で除した割合を乗ずることと

なっていますが，その総ページ数についても同様に情報提供を行う予定です。書籍には奥付や空白ページ等，著作物が掲載されていないページが存在しますが，提供する総ページ数からそれらを除く必要はありません。

　SARLIB で価格情報を提供しない図書については，「その他の図書」として，ページ当たり 100 円という一律単価とすることにしています。非売品として頒布される図書については，このような決め方とするほかありませんが，有償頒布されていても一般的な図書の流通に乗らない図書，国外で発行・販売されている図書については，価格情報を収集すること自体が困難な作業となりますので，非売品図書を含めて一律単価を採用するということになりました。

(4) 定期刊行物等の補償金額について

　新聞，雑誌を含む定期刊行物については，その市販価格にかかわらず，ページあたり 100 円という一律単価とすることにしました。新聞は，その性格上，価格帯は一定の範囲で収まっていることから，一律でページ単価を設定することが合理的であること考えられます。定期刊行物（雑誌を含む。）については，学術分野に関連する高額な雑誌も数多く存在し，本制度においては調査研究を目的とした高額な価格帯の雑誌の送信利用が多くなることが想定されますが，定期購読における割引等により本体価格の確認が困難であること，発行年の古い雑誌に記載された定価が現在の定価と乖離しているケースが多いこと，そして図書館の現場において，分野等を確認することの困難さに鑑みると，分野等にかかわらず一律でページ単価を設定することが合理的であるという結論に至りました。

(5) 補償金額の水準について

　上記（3）および（4）の考え方に基づき，補償金額を算定することとしましたが，その具体的な額（価格が明示されている図書の場合は，利用ページ割合の 10 倍，新聞や雑誌の場合は 1 頁 100 円）を決めるにあたっては，本制度と類似する効果を持つ商用サービスの利用料を調査しています。その具体的な詳細については，補償金規程の認可申請時に提出されている「図書館等公衆送信

補償金の額の認可申請理由書」に記載されておりますので，ぜひご参照ください。なお，本制度では電子メールを利用した公衆送信を想定しており，送信する図書館資料の複製物がカラーであっても白黒であっても，補償金の額に違いを生じない扱いとなっています。

　また，本制度においては500円という最低補償金額が設定されています（新聞，雑誌であれば5ページ以内の利用，図書については算定式によって算定される補償金が500円以下の利用については，一律補償金額を500円とするということ）。これは，本制度が利用全件について補償金が個別に発生し，それを個々の利用に係る権利者に分配するものであるため，どうしても分配に係るコストを補償金の中に織り込む必要があると考えられたためです。この料金水準についても，類似サービスにおける「基本料金」や「入館料」等の額を調査し，参考としました。

(6) 消費税の扱いについて

　補償金規程第4条に明記されているとおり，本制度の補償金は消費税の課税取引となります。SARLIBはすでに課税事業者としてのインボイス番号を取得しており，図書館設置者に対する請求書はインボイス番号を記載した適格請求書となります。図書館において補償金相当額を利用者負担とする場合には，補償金の算定額に消費税額が加算されることを周知していただく必要があるでしょう。

　インボイスの実務上の問題は，むしろSARLIBおよび権利者側にあると考えられます。すなわち，SARLIBにおいて収受した補償金は，最終的には権利者に分配されるのですが，その権利者には様々な立場の方がいて，必ずしもすべてが消費税課税事業者としてインボイス登録番号を取得するとは限りません。その場合の取扱いをどうしていくのかは，これからのSARLIBおよび権利者側の課題となっています。

2.3 参加特定図書館等と SARLIB との間の事務手続きについて

(1) 登録手続き

　各図書館等が本制度を利用したサービスを開始する場合は，SARLIB との間で登録手続きをとっていただくことになります。登録の具体的な手続きについては，まだ「図書館等公衆送信サービスに関する関係者協議会」（以下「関係者協議会」という）の場では最終的な確認には至っていないため，現時点で想定している内容についての説明となります。

　登録する図書館等の施設は，「特定図書館等」の要件を満たす必要がありますが，SARLIB ではそれらの要件を満たしているかどうかの確認はいたしません。登録申請の単位は施設ごとであり，施設ごとに担当責任者名（著作権法第31 条第 3 項第 1 号），連絡担当者名，メールアドレス等の連絡先，請求書送付先，請求書送付先担当者名，をお届けいただくことを想定しており，SARLIB はその登録申請に対して，各施設の ID（国立国会図書館が管理交付をしている「図書館及び関連組織ための国際標準識別子（ISIL）」を転用する予定），請求先ID，報告書等のアップロード先を交付することになります。補償金の支払い義務者は，特定図書館等の設置者（法第 31 条第 5 項）とされているため，請求先情報も登録内容に含まれます。

(2) 利用報告の内容およびその確認

　本制度による公衆送信サービスが行われた場合，各特定図書館等は SARLIB に対して一定のフォーマットによる報告書および利用者に送信したものと同じものを送っていただくことになります。報告書の内容，フォーマットおよび手続き（報告頻度等も含む）は SARLIB において検討中であり，「関係者協議会事務処理スキーム分科会」の場でご確認いただくことになりますが，当然のことながら，最終利用者の個人情報はそこには含まれません。利用された資料を特定できる情報，利用された部分に関する情報，補償金規程に基づく補償金額がその内容となると想定しています。

　SARLIB は，送信された報告書に基づき，図書館設置者に対して補償金額の

請求を行うことになりますが，その際報告書の形式面での問題を除き，SARLIB において確認することは想定しておりません。報告書に記載されている補償金額と同額の請求を行うことになります。

　本制度の補償金は著作権の利用に対する対価としての性質を有するものであり，著作物でないものや，保護期間を経過してパブリックドメインとなっているものは，補償金の対象とはなりません。また，発行後 1 年を経た定期刊行物に掲載されている著作物については，そのすべてが送信利用可能となる等，著作物の一部分利用という原則に対する例外事項も存在しています。これらの解釈および運用については，「図書館等における複製及び公衆送信ガイドライン」に定められており，各特定図書館等においてはこのガイドラインに基づく制度運用，利用報告を行っていただくことになりますが，これらについても，SARLIB としては補償金請求前に審査するという手続きは想定していません。

　これは，SARLIB としての事務コストを軽減するという趣旨もありますが，法第 31 条第 3 項の特定図書館等としての要件が，本制度の適切な運用を担保できるように定められており，正確な利用報告がなされることを十分に期待できる，という点が大きいと考えています。

(3) 補償金の返金，追徴について

　もちろん，様々な事情により正確な補償金額の算定ができず，結果としてSARLIB に支払われた補償金額が過小または過大となるケースがあり得ることは否定できません。しかし，少なくとも追徴については行わないことを想定しています。上記（2）でも記載したとおり，特定図書館等の要件を満たす施設における判断を信頼することによって，低コストの制度運用を行っていることに意味があると考えられるからです。ただし，返金が必要な場合，例えばパブリックドメインであったにもかかわらず補償金が支払われた場合は，法的にはSARLIB に不当利得が生じている状況となりますので，返金手続きについては実装していく方向で検討しています。

　なお，補償金請求前の審査は行わないものの，制度運用の事後的な検証という趣旨で，個別の報告書内容等の確認は行われることがあると考えています。

そしてその結果を踏まえたガイドラインの改善も行われていくことになると思われます。

■編者注

「図書館等公衆送信サービスに関する関係者協議会」は、図書館資料の公衆送信に関する新たな補償金の創設に伴い、権利者・出版関係者と図書館等関係者が、図書館等における著作物の適切な利用の促進等に資するための情報交換や意見交換を行うことを目的として設置されたもの。総合的な見地から意見交換を行う全体会と、個別の検討事項に関する意見交換を行う分科会で構成され、第1回全体会が2021年10月28日に開催された。権利者・出版関係者と図書館等関係者から各1名の、2名が共同座長となっている。構成団体（28団体）は以下のとおり（2023年5月25日現在）。

国立国会図書館	日本写真著作権協会	●オブザーバー（13団体）
日本図書館協会	日本美術著作権連合	全国知事会
全国公共図書館協議会	日本美術家連盟	指定都市教育委員会協議会
国公私立大学図書館協力委員会	日本漫画家協会	国立大学協会
専門図書館協議会	日本音楽著作権協会	公立大学協会
全国美術館会議	日本雑誌協会	日本私立大学団体連合会
日本博物館協会	日本書籍出版協会	全国公立短期大学協会
全国都道府県教育委員会連合会	自然科学書協会	日本私立短期大学協会
全国市町村教育委員会連合会	出版梓会	国立高等専門学校機構
新聞著作権管理協会	日本楽譜出版協会	全国公立高等専門学校協会
学術著作権協会	デジタル出版者連盟	日本私立高等専門学校協会
日本文藝家協会	日本児童図書出版協会	日本複製権センター
日本医書出版協会	日本専門新聞協会	出版者著作権管理機構
日本脚本家連盟		出版物貸与権管理センター
日本シナリオ作家協会	ほかに有識者委員1名	

3. ガイドラインとその実務

小池信彦

3.1 図書館等公衆送信サービスとは

2021（令和3）年に改正された著作権法（以下，「改正法」という）により，図書館等は一定の要件のもと，図書館資料を，利用者の調査研究のため，利用者の求めに応じて複製し，メール等で送信すること（公衆送信）が可能となりました。ただし，公衆送信を行う場合には，補償金を支払うことが求められます。これを「図書館等公衆送信サービス」（以下，「公衆送信サービス」という）といいます。

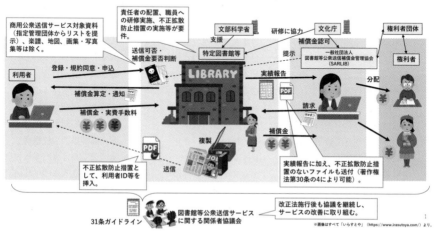

図1 公衆送信サービスの全体イメージ

公衆送信サービスを実施するために必要な内容については，関係者間で協議することとされ，法律の成立から施行までの間に権利者の団体と図書館関係団体により構成される「図書館等公衆送信サービスに関する関係者協議会」（以下，「関係者協議会」という）で協議し，ガイドライン等にまとめられました。

公衆送信サービスの全体イメージは，前ページ図1のとおりです。

中央に，公衆送信サービスを実施する一定の要件を備えた図書館等（これを特定図書館等と言います），左側が利用者，右側が著作権者です。

利用者から，図書館資料の公衆送信を求められ，特定図書館等は複製物を作成，メール等で送信します。複製物を送信した特定図書館等は，実績を指定管理団体に報告し，補償金を支払います。補償金の支払いに関しては，特定図書館等の設置者が支払いますが，利用者に転嫁するものと考えられています。これについては，「3.6　（6）複製箇所および補償金等の通知，請求，入金確認」（p.64）を参照ください。

公衆送信サービスを実施するための基本的な事務処理の流れは図2のようになります。事務処理の内容については，「3.6　特定図書館等における実務」（p.61）で説明します。

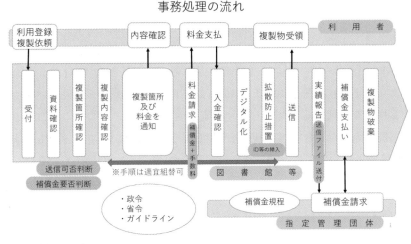

図2　事務処理の流れ

3.2 制度の前提
－令和3年著作権法改正，関係者協議会，ガイドライン制定

2020（令和2）年にデジタル・ネットワークに対応するための，図書館関係の権利制限規定の見直しが文化審議会著作権分科会において検討され，令和3年通常国会に改正法案が上程・審議され，成立しました。改正法では，①国立国会図書館による絶版等資料のインターネット送信，②図書館等による図書館資料のメール送信等の2件が創設されました。①については，2022（令和4）年5月1日から施行され，「国立国会図書館個人向けデジタル化資料送信サービス」が5月19日から開始されています。[1] ②については，2023（令和5）年6月1日に施行されました。

2021年6月に改正法が公布後，2021年10月に，関係者協議会が設置され，補償金のあり方，公衆送信サービスのためのガイドライン，特定図書館等の要件，事務処理等のスキーム等について検討してきました。特に，公衆送信サービスのためのガイドラインについては12回に及ぶ分科会での検討を経て，関係者協議会で合意し，「図書館等における複製及び公衆送信ガイドライン」（以下，「ガイドライン」という）【資料1】として2023年5月30日に制定されました。次の節からはまずガイドラインについて説明します。

なお，図書館等公衆送信補償金制度（以下，「補償金制度」という）に関する補償金管理団体として，「一般社団法人図書館等公衆送信補償金管理協会」（略称：SARLIB（サーリブ））が2022年9月に設立され，2022年11月に文化庁長官より改正著作権法第104条の10の2第1項の図書館等公衆送信補償金を受ける権利を行使する団体として，指定を受けました。その後，2023年3月に「図書館等公衆送信補償金規程」【資料2】が認可されました。SARLIBおよび補償金制度については，「2. 補償金制度について」(p.38)を参照ください。

1　https://www.ndl.go.jp/jp/use/digital_transmission/individuals_index.html

3.3　図書館等における複製及び公衆送信ガイドライン

　以降の文中で「★」は，ガイドライン等のどの部分の説明であるかを示しています。

(1) ガイドラインの位置づけ

　★ガイドライン「第1　本ガイドラインの位置づけ」「第2　1　制度趣旨」

　「ガイドライン」は，従前から行われている図書館においての複写サービスに加え，改正法の施行による公衆送信サービスに関して，法令の解釈とその運用について定めています。

　改正法では，複写サービスにも変更が及んでいるため，「公立図書館における複写サービスガイドライン」，「図書館間協力における現物貸借で借り受けた図書の複製に関するガイドライン」，「写り込みに関するガイドライン」の内容を含む形で記載しています。

　もっとも，従来から行われていた複写サービス（以下，「複写サービス」という）は，多くの図書館で永年にわたって実務またその慣行が積み重ねられてきています。ガイドラインでは，その現状を鑑み，複写サービスについては実質的な変更は行わないということになっています。

　また，ガイドラインは，法令の規定をより具体的に示すことが目的で，あくまで法令の解釈を示すものです。法律上の規定は，「一部分」であったりとか，「権利者の利益を不当に害することとなる場合」という抽象的な言い方になっていますので，それを具体化したときに利用者と図書館職員が理解しやすいルールにするという趣旨から，権利者側の解釈の方向性として，より広く取れる解釈を採用し記述しています。

　これらの状況を踏まえ，公衆送信サービスを実施する際には，「3.2 制度の前提」(p.48)と合わせ，ガイドラインの位置づけを理解し，複写サービスおよび公衆送信サービスの適正な運用をすることが必要です。

　なお，ガイドラインについては，今後も適宜検討の場を設けて見直しをしていくこととなっています。

(2) ガイドラインの内容

①「図書館資料」の定義

★ガイドライン「第2 2 「図書館資料」について」

　著作権法が複製の対象とする図書館資料というのは何かということを改めて定義しています。また，図書館間協力によって提供された資料の取り扱いはどうするか，電子ジャーナルはどうするか，寄贈で受け入れた資料，また寄託で管理している資料の取り扱いについて記載しています。

　図書館間協力により提供された資料は，複写サービスでは既存のガイドラインに準拠することで行うことができますが，今後，公衆送信サービスも実施可能となるよう別途要件等を整理していきます。

　図書館等が契約している電子ジャーナルやオンラインデータベース等によって提供されている著作物は，複写サービスと同様，公衆送信サービスの対象外となります。契約に記述がある場合はこの限りではないと考えられます。

　また，寄贈資料，寄託資料については，図書館等にその処分権限がある（所有権がある）寄贈資料は公衆送信サービスの対象となりますが，図書館等がその処分権限を有しない寄託資料は，寄託時に定められた条件に応じて対応することになります。

②サービス（複製）の主体

★ガイドライン「第2 3 サービスの主体」

　複写サービスと同じく，公衆送信サービスを実施する主体，つまり公衆送信サービスのための複製を行うのは特定図書館等ということになります。利用者からの申し込みを受けて，法令やガイドラインに基づいてその適否を判断し，サービスを実施する責務を負うのが特定図書館等であるということです。そのために特定図書館等は，司書またはこれに相当する職員を置いて主体的にサービスを実施しなくてはなりません。詳しくは「3.4　特定図書館等および利用者に求められる要件等」(p.58)で説明します。

　また，外部事業者に委託するということも想定されます。ガイドラインでは，事務処理の全部または一部を委託することは可能としています。ただし，その

場合は監督権限等などについて定め，ガイドライン等に基づいて実施されるようにしなければなりません。なお，当該の外部事業者の職員も特定図書館等の職員と同様に，公衆送信サービス実施にかかる研修を受ける必要があります。詳しくは「3.4（2）研修の実施」(p.59)で説明します。

③図書館利用者が複製物を利用する目的
★ガイドライン「第2 4 制度目的による限定」

複写サービスと同様，公衆送信サービスも利用者の調査研究の用のために行われるものです。当然，娯楽や鑑賞用のための複製を求められるということがあった場合には公衆送信サービスはできないということになります。公衆送信サービスにおいても利用目的が法令に則ったものであるかどうかを確認することが求められます。

④対象となる著作物の要件とその捉え方
★ガイドライン「第2 5 対象となる著作物の範囲」

これも複写サービスと同様，公表された著作物の一部分であることが原則です。「一部分」の定義は複写サービスと同様，各著作物の2分の1を超えない範囲としています。

著作物の単位についても概ね複写サービスと同様です。下記，表1，表2を参照ください。

表1 著作物の単位（1つの著作物として扱う範囲）

書籍	1冊ごとに〔著作物のジャンルごとの判断基準〕に従う。 1作品が複数の書籍にまたがって掲載されている場合は，1冊の書籍に掲載されている部分。
新聞・雑誌	号ごとに〔著作物のジャンルごとの判断基準〕に従う。 同一タイトルで複数の号に分けて掲載されている場合は各号掲載分それぞれ。
事典	項目の著作者が明示されている場合については，1項目。
※新聞，雑誌，事典等，素材の選択や配列に創作性が認められる編集物は，全体を1つの編集著作物として扱う。	

表2　著作物のジャンルごとの判断基準

絵画・写真	1作品，1図版
地図	1枚，1図版
楽譜・歌詞	1作品（複数楽曲によって大きな1作品が構成されている場合は，各楽曲）
俳句・短歌	1句（首）
脚本	1作品 連続ドラマ等の場合は同一タイトルであっても，各話またはサブタイトルごと
文芸作品・論文・漫画	1作品 読み切り（連作を含む）作品の場合は同一タイトルであっても，各話ごと

⑤全部分の利用が可能な著作物

★ガイドライン「第2　6　全部利用が可能な著作物」

　全部利用が可能となる著作物については，改正法において政令で定めるものとされました。政令で定められたものは下記のとおりです。

a. 国等の周知目的資料

　国や地方公共団体などが，一般に周知させることを目的として作成した資料です。広報資料や統計資料，報告書などがこれにあたるとされており，白書なども該当します。ただし，「その著作の名義の下に」とあるため，受託事業者などが作成し，その名義となっている報告書などは確認が必要と考えられます。

b. 発行後相当期間を経過した定期刊行物に掲載された個々の著作物

　定期刊行物の定義は複写サービスと変わりませんが，発行後相当期間の考え方については，複写サービスと公衆送信サービスでは違いがあります。

　複写サービスはこれまでどおり，日刊・週刊・月刊・隔月刊の場合は次号が発刊されるまで，次号の刊行が3か月以上の刊行頻度のものは発行後3か月までの期間を発行後相当期間とし，その期間は掲載された個々の著作物の全部利用はできません。一方，公衆送信サービスでは，発行後相当期間は発行後1年間とされました。ただし，新聞については次号が発行されるまでの期間とされています。

　「発行後相当期間」に関しては，関係者協議会でもさまざまな意見が上がり，

重要課題として協議をしました。複写サービスにおいては，次号が刊行されたら発行後相当期間を経過したという解釈で運用されてきましたが，これは，次号刊行後はバックナンバーが事実上入手困難になるという事情があったのではないかと考えられます。しかし，出版界の状況はここ数年大きく変化し，雑誌等の過去のコンテンツがオンラインで提供されるようになってきました。このような状況において，入手困難という考え方にも変化が生じ，権利者側からは複写サービスの検討をしていた当時とは変わっているのではないかという意見がありました。利用者の利便性と出版コンテンツとしての経済的な利益とのバランスをどうとるのかという議論の中で，当面の間，公衆送信サービスは複写サービスより長く保護する（発行後 1 年間とする）ことで，図書館側・権利者側が合意しました。

c. 美術の著作物等

　美術の著作物等とは，美術，図形，写真の著作物を指します。これらについても複写サービスと公衆送信サービスでは少し違いがあります。政令では，複製する「著作物に付随して複製［又は公衆送信］される著作物（表示の精度その他の要素に照らし軽微な構成部分となるものに限る）」と定められました。複写サービスはこれまでどおり「複製物の写り込みに関するガイドライン」に従うとされましたが，公衆送信サービスにおいては，「軽微な構成部分」とはどの程度かという議論が交わされました。複写サービスと違い，公衆送信サービスでは複製物がデータで利用者のもとへ送信されるため，権利者側からは目的外の使用を危惧する声があがりました。制度目的はあくまで調査研究目的のためであり，美術の著作物等に関しては，観賞用ないしは他の目的への転用をどうすれば客観的に制約することができるのかという観点から議論があり，最終的には，データの解像度という形で制約をかけることが，利用目的から来る制限に最も資するものではないかという結論になり，ガイドラインに解像度を明記することとなりました。特定図書館等ではガイドラインに基づいた複製機器の準備（解像度が 200 〜 300dpi で複製できる機器等）が必要となります。詳しくは，「3.6　(7) 複製（デジタル化）作業，不正拡散防止措置，送信実績の記録」(p.67) で説明します。

このほか，現段階（2023 年 8 月）ではまだ政令で定められていないものについても下記のとおり規定しています。

d. 分量が少ない著作物

分量の少ない著作物についても，複写サービスと公衆送信サービスでは違いがあります。分量が少ない著作物とは，複製する著作物（定期刊行物を除く）に掲載されている言語の著作物のことを指します。実際の流通状況を鑑み，同一ページ（見開きの場合は見開きになっている 2 ページ）内であれば，全部利用できるということとなりました。ただし，例えば句集・歌集，事典類等のような，もっぱら分量が少ない著作物で構成される図書館資料については，複製するページが連続するような複製は，そもそも「分量の少ない」という定義から外れるため，この対象とはなりません。

e. 漫画

定期刊行物を除く図書館資料に掲載されている漫画の著作物のうち，分量の少ない著作物の公衆送信については，上述の「d. 分量の少ない著作物」に準じて取扱うこととされています。

ガイドラインで合意されている漫画の著作物は，基本的に 1 コマ漫画とか 4 コマ漫画のような見開き 2 ページの範囲内に入ってしまう形の著作物を想定しています。これらについては，一部分としてしまうと，実際に特定図書館等が複製を行う際に，どのようにマスキングをするのかという解決不可能な事態に直面することが考えられるため，図書館現場で混乱が生じないようにという観点から定められました。

上記でも既述したように，本稿執筆時現在，分量が少ない著作物と漫画の著作物についてはまだ政令で定められていません。政令で定められた場合は，その内容を踏まえてガイドラインの記載を改定することになっています。

美術の著作物等や分量の少ない著作物については，複写サービスにおいては「複製物の写り込みに関するガイドライン」の中で処理をされてきました。しかし，公衆送信サービスに関しては，著作物の利用に関して補償金が発生するというたてつけの中で処理されるものとなります。したがって，これまでのよ

うに「複製物の写り込みに関するガイドライン」で対応するには限界があり，権利者側からの意見も踏まえて，公衆送信サービスについては新たなガイドラインを策定するという方向で議論がされ，権利者側，図書館側で合意されました。

⑥利用対象外となる図書館資料

★ガイドライン「第2 7 利用対象外となる図書館資料」

この項目は複写サービスにはなく，改正法で新設された第31条第2項のただし書として新たに規定されました。法の規定では，著作権者の利益を不当に害することとなる場合は公衆送信サービスの利用対象外とすることができるとされています。この規定に基づいた利用対象外となる資料は，SARLIBから指定されることとなっています。

この他，楽譜や地図，写真集，画集（これらの定義は特定図書館等の分類基準によります），発行後相当期間経過前の定期刊行物や特定図書館等が不適当と認めた資料も対象外となります。

⑦送信データの不正な拡散の防止

★ガイドライン「第2 8 送信データの不正拡散の防止」

前項同様，複写サービスにはなかった項目です。デジタル化された資料を扱う公衆送信サービスだからこそ必要になった規定です。特定図書館等は，公衆送信したデータが目的外利用（不正拡散）をされないよう，利用者に説明をし，不正拡散をしないことへの同意を求めなければなりません。そのために，特定図書館等は公衆送信サービスについての利用規約を作成する必要があります。利用規約の記載事項として，最低限，①注意事項や禁止事項を遵守すること，②不適切な利用が判明した場合には利用停止をするということなどは定めるべきであるとされています。参考までに，利用規約の項目を例示します（表3）。

表3の「複製物の仕様」にも記載しましたが，公衆送信する電子ファイルについても，できる限りの不正拡散防止を措置しなければなりません。ガイドラインでは，ヘッダー部分に利用者ID，フッター部分にデータ作成館名および

表3　利用規約に定める項目の例示

項　　目	内　　容
適用	サービスを利用するためには規約への同意が必要であることや，本規約等で定めることを遵守すること，違反した場合には利用停止措置をとることなど
本サービスの概要	著作権法第31条第2項に基づくサービスであることなどサービスの概要
本サービスの利用者	特定図書館等での利用対象者の範囲
複製物の仕様	ファイル形式や解像度，サイズ，また不正拡散防止のために施される防止措置の説明（ヘッダー，フッターに記載する内容）など
複製物の提供方法	メール送信，ダウンロードなど提供方法
補償金相当額の負担	補償金および手数料等の負担が発生することの説明
利用者による登録情報等の管理	ガイドラインに挙げられている禁止事項など ・利用登録時の情報に変更があった場合は速やかに届け出ること
個人情報の取り扱い	特定図書館等での個人情報の取り扱いについて説明
禁止事項	ガイドラインに挙げられている禁止事項など ・第三者に利用させない ・入手したデータを許諾なく権利制限を超えた利用をしない
利用者の責任	自己の責任においてサービスを利用すること，など
サービスの変更および免責	災害やシステムの停止，改修などでサービスの変更や停止などが生じた場合の免責事項など
規約の変更	本規約の変更やその通知方法など

データ作成日を挿入することが挙げられています。権利者側からはより高度な不正拡散防止も求められましたが，図書館現場の現状などを鑑み，ガイドラインには最低限措置すべきものが挙げられました。ただし，今後，技術的に現場でも対応可能な措置が出てきた場合には，適宜追加措置を導入するなどの検討をするものとします。

⑧特定図書館等になるための要件

★ガイドライン「第2 9 特定図書館等の要件」

「3.1 図書館等公衆送信サービスとは」(p.46)でも少し触れましたが，公衆送信サービスを行うためには法第31条第3項に定められた要件を備える必要があります。この項目は関係者協議会特定図書館等分科会で合意された「図書館等公衆送信サービスに係る特定図書館等及び利用者に求められる要件等について」(以下，「特定図書館等の要件等」という)【資料3】が盛り込まれています。

法で規定された項目は5つあります。

 a. 責任者の配置（法第31条第3項第1号）

 b. 研修の実施（同第2号）

 c. 利用者情報の管理（同第3号）

 d. データの目的外使用の防止もしくは抑止するための措置（同第4号）

 e. その他業務を適正に実施するために必要な措置（同第5号）

詳細は，「3.4 特定図書館等および利用者に求められる要件等」(p.58)で説明します。

⑨利用者による複製

★ガイドライン「第2 10 受信者（利用者）における複製」

法第31条第4項では「公衆送信された著作物を受信した特定図書館等の利用者は，その調査研究の用に供するために必要と認められる限度において，当該著作物を複製することができる。」と規定されています。これは，利用者が受信したデータをハードディスク等に保存したり，プリントアウトしたりすることを想定しています。複写サービスでは，すでに紙媒体等で利用者提供されているため，利用者が再度複製をすることは想定されませんでしたが，「⑦送信データの不正な拡散防止」と同様，公衆送信サービスだからこその規定と言えます。ただし，もちろん法第30条以下に規定する権利制限の範囲を超えての利用はできませんので，注意が必要です。

⑩著作権保護期間

★ガイドライン「第2　11　著作権保護期間に関する補償金の要否判断について」

　著作権保護期間の判断は，本来であれば複写サービスと同様にその著作権者の没年について調査が必要です。しかし，その判断は容易ではありません。関係者協議会では公衆送信サービスを特定図書館等で迅速かつ円滑に行うために，簡便な基準を設けることとしました。つまり，公衆送信する図書館資料の主たる著作者の没年が1967年以前か，1968年以降かによって取り扱いを決めました。詳しくは表4を参照ください。なお，原則として，補償金の支払いがあるかどうかにかかわらず，公衆送信サービスを行った図書館資料すべてについて，SARLIBに実績報告をすることになります。実績報告については「3.6 (9) 送信実績の報告および補償金の支払い義務」(p.68)で説明しますが，古典籍等の明らかに著作権保護期間が満了している著作物については，実績報告の対象外とすることも可能です。

表4　著作権保護期間の判断基準

発行年	判断基準	補償金の支払い
1967年以前	①主たる著作者の没年が，1967年以前または1968年以降の生存が確認できない場合	不要
	②主たる著作者の没年が，1968年以降	必要 ※没後70年を経過するまで
1968年以降	③発行後70年が経過するまで	必要
	④発行後70年が経過したが，主たる著作者の没日が発行日以降の場合	必要 ※当該著作者の保護期間満了まで
上記にかかわらず	掲載されている著作物のすべてが保護期間を経過している，または著作物性がないと特定図書館等が判断した場合	不要

3.4　特定図書館等および利用者に求められる要件等

　「3.3 (2) ⑧特定図書館等になるための要件」(p.57)で少し触れましたが，図

書館等公衆送信サービスを行う図書館等は，一定の要件を備えた特定図書館等になる必要があります。なお，特定図書館等は，公衆送信サービスを開始する前にSARLIBに参加届出書を提出することになります。その際に，ここで説明する要件を満たしていることが必要となりますが，それは特定図書館等の責任において管理することが必要です（「2.3　参加特定図書館等とSARLIBとの間の事務手続きについて」(p.43)参照）。

　先に説明したとおり，法に規定された特定図書館等に求められる要件は5つあります。ここでは，「特定図書館等の要件等」【資料3】を基に説明します。

(1) 責任者の配置

　まず，公衆送信サービスのための責任者を置かなければなりません。責任者は，特定図書館等の館長が担うか，または公衆送信サービスの適正な実施に責任を持つ職員を館長が指名をします。また，同じ設置者（公立図書館であれば設置自治体，大学図書館であれば大学法人など）による複数の特定図書館等については，責任者の兼任が認められています。

(2) 研修の実施

　法第31条第3項第2号は研修を行うこととされており，「特定図書館等の要件等」では，研修項目や実施方法等について記載しています。

　研修項目（研修内容）は，①著作権法に関すること，②ガイドライン等に関すること，③補償金制度に関すること，④特定図書館等における実務に関することです。

　また，この研修は，特定図書館等の責任者を中心に，各特定図書館が実施主体となって計画し，実施することが求められており，受講対象となるのは公衆送信サービスを担当する職員です。外部事業者に事務処理を委託している場合は，その外部業者の職員も含みます。

　なお，研修項目の①②③のような制度全般に関する内容については，特定図書館等が共同で研修を実施することも可能です。その際には必要に応じて，文化庁やSARLIBからも協力を仰ぐことも想定されています。

(3) 利用者情報の管理

公衆送信サービスにかかわる利用者情報の適切な管理のため，特定図書館等は内部規定を定める必要があります。これは，特定図書館等が所属する組織・機関等における既存の個人情報取扱やセキュリティ管理にかかわる規定を準用することも可能です。内部規定に定めるべきものは以下のとおりです。

a. 個人情報の取得方法について（本人確認の方法）
b. 取得する個人情報の内容（利用者の氏名・住所・電話番号もしくはメールアドレス）
c. 取得した利用者情報の管理（セキュリティ）
d. 取得した利用者情報の更新

なお，利用者が登録すべき情報については，「特定図書館等の要件等」の「2 特定図書館等に利用者が登録すべき情報について」を参照してください。

(4) データの目的外使用の防止もしくは抑止するための措置

データの目的外利用を防止するための措置をしなければなりません。これは「3.3 （2）⑦送信データの不正な拡散の防止」(p.55)を参照ください。

また，ここではセキュリティ管理等に関する内部規定を定めることが求められています。これも前述（3）と同様，既存の規定を準用することも可能です。内部規定に定めるべきものは次の事項です。

a. 電子データの作成にかかわること（データに記載する内容等）
b. 電子データの送信にかかわること（誤送信の防止対策等）
c. 電子データの破棄にかかわること（データの保存期間や廃棄方法等）

3.5 事務処理等スキーム分科会合意事項

「事務処理等スキーム分科会合意事項」（以下，「合意事項」という）【資料4】は，スキーム全体の前提として，サービス実施主体の要件や補償金の負担と徴収の方法，業務委託の確認の仕方，事務処理を行うための環境や作業の手順について，ガイドラインの中身を確認しているものです。詳しい内容は次の「3.6

特定図書館等における実務」(p.61)で，実際の事務処理の流れを追いながら説明します（p.47 の図 2「事務処理の流れ」も併せて参照ください）。

3.6 特定図書館等における実務

(1) 公衆送信サービス実施に必要な準備

事務処理の検討に入る前に，特定図書館等としての要件を備えるほかに，いくつかの準備が必要です。

①サービス対象利用者の要件整理，複製および送信のための方法の確認

サービス対象となる利用者の要件整理については，次の（2）で説明します。公衆送信サービスは複製をしてデジタル化し，それを利用者に送信します。そのためにはそれを実現できる複写機，スキャナ等の機器や，送信方法をどのように行うか（メール送信だけではなく，ファイルサーバ等の利用を検討することも考えられます）など，実際に公衆送信サービスを行うことができる環境を作らなければなりません。

②補償金等の利用者への請求および受領方法

公衆送信サービスは補償金を権利者へ支払うことが要件となっています。特定図書館等では，補償金や手数料等を利用者から徴収します（補償金等の負担については「3.6（6）複製箇所および補償金等の通知，請求，入金確認」(p.64)を参照ください）。利用者への請求方法や受領方法について，どのように行うかは特定図書館等の設置者の事情によりますので，事前に関係各所，例えば公立図書館であれば自治体の法制部局等と調整しておく必要があります。

③ SARLIB への実績報告および補償金の支払い方法

特定図書館等は実績報告とともに，利用者から受領した補償金を SARLIB へ支払わなければなりません。これも②と合わせて関係各所と調整をしておく必要があります。

(2) 公衆送信サービスの対象となる利用者と利用登録

　公衆送信サービスの対象となる利用者については，「特定図書館等の要件等」の「2　特定図書館等に利用者が登録すべき情報について」に記載されているとおり，「原則は各図書館等で行っている既存の利用登録要件に準ずること」となります。つまり，原則は特定図書館等が通常貸出しなどの図書館サービスを行っている利用者が想定されています。提供方法が変わることで，複写サービスとは違う利用者が想定される特定図書館等においては，データの不正利用，不正拡散等を防ぐことが求められることを踏まえながら，利用者の範囲を設定することになります。

　利用者登録等に関する事項としては，「3.4　（3）利用者情報の管理」(p.60)および「3.4　（4）データの目的外使用の防止もしくは抑止するための措置」(p.60)，「3.3　（2）⑦送信データの不正な拡散の防止」(p.55)等を参照してください。

(3) 利用登録の確認・申込受付

★合意事項「2. 申込受付」

　公衆送信サービスを実施するための準備が整ったら，利用者の申込受付を開始できるようになります。まずは，申込者が特定図書館等に所定の利用者情報の事前登録を行っていることを確認します。例えば，IDやパスワードによる認証等が想定されています。申込方法は，公衆送信サービスの性質上，電子メールやインターネット等，直接図書館等に来館しない申し込みが想定されていますが，来館での申し込みも受け付けることはできるとされています。

　また，申込受付時には，利用者から，入手希望資料と複製箇所が特定できる情報の申告を受ける必要があります。

　なお，複写サービスと同様，公衆送信サービスも，利用者の調査研究の用に供する目的であり，娯楽・観賞用は不可であることも確認しておくことが大事です。「3.3　（2）③図書館利用者が複製物を利用する目的」(p.51)も参照してください。

(4) 資料の確認・送信の可否・補償金の要否

★合意事項「3. 送信可否判断」「4. 補償金要否判断」

申し込みのあった資料（以下、「申込対象資料」という）の所蔵状況を確認し、複製できる状態であるかなどを確認します。続いて、その資料が公衆送信サービスの「利用対象外となる図書館資料」に該当するかどうかを確認します（「3.3 (2) ⑥利用対象外となる図書館資料」(p.55)参照）。該当する場合は送信ができませんので、利用者に公衆送信サービスの対象外である旨を説明し、申込みを謝絶します。あらかじめそういった可能性があることを利用規約や公衆送信サービスの案内で提示しておくことも考えられます。

資料の確定ができ、送信も可能であることが確認できたら、次は補償金の支払いが必要かどうかを確認します。補償金の支払いが必要かどうかは、著作権保護期間によることになります（「3.3 (2) ⑩著作権保護期間」(p.58)参照）。つまり、著作者の没年を確認しなければならないのですが、確認方法は、各種レファレンスブックや出版書誌データベース（Books）、Web NDL-Authorities 等が想定されています。

(5) 複製箇所と複製内容の確認

★合意事項「5. 複製箇所特定」

申込対象資料が公衆送信ができることを確認できたら、申込内容から実際に複製をする具体的な箇所を特定します。

次に、特定した複製箇所の範囲が、公衆送信サービスにおいて認められている範囲かどうかを確認します。複製できる範囲は、複写サービスと同様、公表された著作物の一部分（2分の1を超えない範囲）です（「3.3 (2) ④対象となる著作物の要件とその捉え方」(p.51)参照）。ただし、著作権者の利益を不当に害しない場合は全部利用が可能である著作物もあります（「3.3 (2) ⑤全部分の利用が可能な著作物」(p.52)参照）。全部利用が可能である著作物の中では、特に、定期刊行物の発行後相当期間の考え方が、複写サービスと違い、発行後1年間（新聞を除く。新聞は次号が発行されるまでの間）となっていますので、注意が必要です。

(6) 複製箇所および補償金等の通知，請求，入金確認

★合意事項「7. 補償金額算定」「8. 申込者への料金提示」「9. 申込者による入金」「10. 特定図書館等による入金確認」

複製箇所と複製内容が確認できたら，補償金規程に基づいて補償金を算定します（表 5 参照）。必要に応じて事務手数料等を加算することも可能です。複製箇所の確認とともに，補償金等総額（消費税相当額を含む）と支払方法を申込者に通知します。特定図書館等は各館の事情に応じた方法で，申込者からの入金を確認します。

表5　補償金の額（「図書館等公衆送信補償金規程」より）

図書館資料の種類	補償金算定式	備考
新聞	1 頁あたり 500 円 2 頁目以降 1 頁ごとに 100 円	
定期刊行物（雑誌を含む。）	1 頁あたり 500 円 2 頁目以降 1 頁ごとに 100 円	
本体価格が明示されている図書	本体価格を総頁数で除し，公衆送信を行う頁数と係数 10 をそれぞれ乗ずる	1 冊あたりの申請に係る補償金額が 500 円を下回る場合には，500 円とする
上記以外（本体価格不明図書・脚本 / 台本含む限定頒布出版物・海外出版物等）	1 頁あたり 100 円	1 冊あたりの申請に係る補償金額が 500 円を下回る場合には，500 円とする
（注）見開きで複写を行い，図書館等公衆送信を行う場合は，2 頁と数える。		

《補償金は誰が支払うのか》

法第 31 条第 5 項において，補償金は特定図書館等の設置者が支払うこととされていますが，「図書館関係の権利制限規定の見直し（デジタル・ネットワーク対応）に関する報告書」（文化審議会著作権分科会，2021.2）においては，実質的には利用者に転嫁するものとされ，改正法附則第 8 条第 2 項で下記のように規定されました。また，文化庁は改正法公布時の解説などでも同様の説明をしています（下記【参考】参照）。

図書館関係の権利制限規定の見直し（デジタル・ネットワーク対応）に関する報告書

第2節　3（4）補償金の付与

②制度設計等　（vi）支払い主体・実質的な負担者

　法律上の補償金の支払い主体は，著作物の利用主体（送信主体）である「図書館等の設置者」とする。

　なお，その場合でも，実際の補償金負担は，サービス利用者に転嫁される場合が多いと考えられるところ，公立図書館の無料公開の原則（図書館法第17条）との関係では，（ア）あくまで付加的なサービスであること（図書館資料の閲覧・貸出という基本的なサービスについては無料が維持されること），（イ）本件補償金は，現行の図書館資料のコピー・郵送サービスにおける印刷代・郵送代と同様，「実費」として捉えられることなどから，特段の問題は生じないものと考えられる。

著作権法附則

第8条　［略］

2　政府は，第2条改正後著作権法第31条第3項に規定する特定図書館等の設置者による図書館等公衆送信補償金（第2条改正後著作権法第104条の10の2第1項に規定する図書館等公衆送信補償金をいう。以下この項において同じ。）の支払に要する費用を第2条改正後著作権法第31条第2項に規定する特定図書館等の利用者の負担に適切に反映させることが重要であることに鑑み，その費用の円滑かつ適正な転嫁に寄与するため，図書館等公衆送信補償金の趣旨及び制度の内容について，広報活動等を通じて国民に周知を図り，その理解と協力を得るよう努めなければならない。

・文化庁 HP 「令和 3 年通常国会 著作権法改正について」

（https://www.bunka.go.jp/seisaku/chosakuken/hokaisei/r03_hokaisei/）

---

4. 改正法 Q & A

問 9 補償金の料金体系・金額はどのように設定されるのでしょうか。また，補償金は誰が支払うことになるのでしょうか。

（答）補償金は，指定管理団体が，図書館等の設置者団体の意見を聴いて案を作成し，それを文化庁長官が文化審議会に諮った上で認可の判断を行うこととなりますが，その額については，図書館資料の公衆送信がされることによる権利者への影響の大きさに鑑み，基本的には権利者の逸失利益を適切に補填できるだけの水準とすることが適当と考えています。

このため，現時点では，著作物の種類・性質や送信する分量等に応じたきめ細かな設定を行うこと，年額などの包括的な料金体系ではなく，個別の送信ごとに課金する料金体系とすることなどを想定しています。また，具体的な金額については，国内市場における使用料の相場や諸外国における同様のサービスの相場を参照するとともに，図書館等における事務負担・円滑な運用への配慮といった点も加味しながら，総合的に検討されるものと考えています。

なお，この補償金の支払い義務者は，法律上，著作物の送信主体である「図書館等の設置者」としていますが，実際の運用に当たっての補償金負担は，基本的に送信サービスの受益者である「図書館利用者」に負担いただくことを想定しています。このため，実際には，図書館利用者が図書館設置者に対し補償金相当額を支払い，それを図書館設置者が補償金として指定管理団体を通じ権利者に対し支払うことになると考えています。

（※）附則第 8 条第 2 項においても，図書館等の設置者の補償金支払いに要する費用を図書館利用者の負担に適切に反映させることが重要であることが

規定されています。

・著作権法の一部を改正する法律（令和3年改正）について（解説） p.69
（https://www.bunka.go.jp/seisaku/chosakuken/hokaisei/r03_hokaisei/
pdf/93627801_01.pdf）

　図書館等公衆送信補償金については，その費用を受益者である利用者の負担に適切に転嫁させることが重要であると考えられる。当該費用の利用者への円滑かつ適正な転嫁に寄与するために，その趣旨及び制度の内容について正しい理解を周知することが同制度の導入のための前提となる条件整備であることから，図書館等公衆送信補償金の円滑かつ適正な転嫁に寄与するための周知等に係る規定を設けている。

---

(7) 複製（デジタル化）作業，不正拡散防止措置，送信実績の記録

★合意事項「6. 複製」

　複製物をメール等で送れるよう，申込対象資料を撮影やスキャン等により複製し，デジタル化（送信ファイルの作成）を行います。冊子体の場合は，原則としてページまたは見開き単位で複製しますが，新聞等，一定のサイズを超える場合はサイズ単位で部分指定しての複製も可能です。また，提供用画像の解像度は 200 〜 300dpi 程度を目安とします。

　ただし，公衆送信される図書館資料の1ページにつき，1点の美術や写真の著作物が当該ページの3分の2以上を占める場合，原則として複製時の解像度を 200dpi とし，資料の劣化等により 200dpi では可読性が確保できない場合は 300dpi 程度を上限として複製を行い，目的外利用を防止する措置として，複製ページの2箇所以上に均等に記号等を付さなくてはなりません（ガイドライン第2　6（4）イを参照）。

　また，デジタル化した資料を送信するためには不正拡散防止措置をしなくてはなりません。不正拡散防止措置としては，①全ページのヘッダー部分に利用

者ID（貸出カードの番号等），②全ページのフッター部分にデータを作成した特定図書館名，作成日を挿入します（「3.3 （2）⑦送信データの不正な拡散の防止」(p.55)参照）。なお，申込者への送信後，SARLIBへ実績報告をしますので，この段階で送信実績の記録をしておきます。実績報告に必要な項目は，今後SARLIBから提示される実績報告フォーマットによることになりますが，概ね「合意事項」で示されている次の項目が想定されています。◎が必須，○は可能な限り，記号なしは任意で記録する項目です。

- ・ISBN/ISSN（資料に記載があれば◎）
- ・著作物または資料のタイトル（◎）
- ・責任表示（著者・編者）（○）
- ・出版者（○），出版年（○），巻号情報
- ・ページ（または複製箇所が特定できる論文名等の情報）（◎）（申込情報に記載があった場合は可能な限り両方とも）

（8）申込者への送信（提供）

★合意事項「11. データ送信」

不正拡散防止措置を施した送信用ファイルを申込者に電子メール，インターネットを通じたファイル転送システム等により送信します。セキュリティ対策等は，特定図書館等で適切に講じてください。

（9）送信実績の報告および補償金の支払い事務

★合意事項「12. 指定管理団体への送信実績の報告，補償金の支払い」

実績報告として，一定のフォーマットによる報告書（フォーマットは検討中〔本稿執筆時〕）と，申込者に送信したデータファイル（利用者情報が除かれたもの，あるいは個人情報の第三者提供について申込時等に利用者から了承を得たもの）を，SARLIBへ提出します。

SARLIBから，この提出された報告書に基づき，特定図書館等（設置者）へ補償金額の請求がされます。これを受けて，特定図書館等は，申込者から支払われた補償金額を，SARLIBから提示された方法により支払います（「2.3 （2）

利用報告の内容およびその確認」(p.43)参照)。

　送信実績の報告および補償金の支払いは，月1回程度とされていますが，申込者へ送信したファイルの送付はこの限りではありません。

（10）複製物の廃棄

　★合意事項「13. 送信用ファイルの廃棄」

　申込者へ送信したファイルは，特定図書館等とSARLIBに保管されますが，両者は事務処理の上で必要な保存期間を経過した後は，そのファイルを廃棄します。

（11）補償金額の過不足の処理

　★合意事項「14. 補償金の返還・追徴処理」

　「合意事項」には，補償金の返還・追徴ができるとしていますが，SARLIBでは，現状できるだけ追徴は行わないことを想定しています。ただし，返還についてはSARLIBとしても不当利得が生じることになるので，返還を行う方向で検討されています（「2.3　（3）補償金の返金，追徴について」(p.44)参照)。

3.7　補足

　3.6の（6）から（8）（「合意事項」6から10）の手順は特定図書館等の都合によって組み替えることが可能です。本冊子では，申込者から補償金を先払いしていただく手順を想定して記載していますが後払いとすることも可能です。

　また，これまで述べてきたように，本稿執筆時点で，公衆送信サービスにおいてまだ確定されていない事柄がいくつかあります。これらについては，確定次第随時公表されることになりますが，日本図書館協会においてもウェブサイト（p.86参照）を設けて，関係の情報・資料を掲載していきます。本冊子の内容を補うものとして，適宜ご参照ください。

図書館等における複製及び公衆送信ガイドライン

図書館等公衆送信サービスに関する
関係者協議会

第1　本ガイドラインの位置づけ

本ガイドラインは，従前から行われていた図書館等における複写サービスに加えて，令和3年改正法によって追加された特定図書館等における公衆送信サービスに関する法令の解釈とその運用について定めるものです。

令和3年改正法に対応するため，「図書館等公衆送信サービスに関する関係者協議会」が組成され，現在まで様々な議論が積み重ねられてきました。それらの議論を経て同協議会における合意に基づき定められたものが本ガイドラインとなります。

なお，令和3年改正法は，従前から行われていた複写サービスに関する規定にも変更が及ぶものとなっています。このため，本ガイドラインは複写サービスもその対象としています。もっとも，複写サービスは多くの図書館において永年にわたり実務慣行が積み重ねられてきたものであることを鑑み，本ガイドラインは同サービスの実施について実質的な変更を行うものとはなっておらず，「公立図書館における複写サービスガイドライン」「図書館間協力における現物貸借で借り受けた図書の複製に関するガイドライン」及び「写り込みに関するガイドライン」の記載を包含するものとしています。

また，令和3年改正法に基づく公衆送信サービスに対する補償金は，同サービスを実施する特定図書館等の設置者が，文化庁長官が指定する指定管理団体を通して権利者に支払うこととされています。そして現在，著作権者団体及び出版者団体によって設立された一般社団法人図書館等公衆送信補償金管理協会（略称「SARLIB」，以下略称表記とする）が，その管理団体に指定されています。

以上により，本ガイドラインは，著作権法（以下「法」という）第31条第1項から第5項に基づく，複写サービス及び公衆送信サービスの双方に適用されるものとなります。

なお，本ガイドラインは，図書館関係者，著作権者団体，出版社団体，有識者らが参加する協議会での意見交換，協議の中で，現時点で引き続き検討が必要な事項を含め共通認識が得られた部分を公表するためのものです。本ガイドラインの内容については，今後も適宜検討の場を設けて必要な見直しを行うことにしています。

第2　改正法の解釈と運用

1　制度趣旨

図書館等における複写サービス，特定図書館等における公衆送信サービスは，いずれもそれらの施設の利用者への資料提供の一環として実施される，営利を目的としない事業となります。

著作物の複製，公衆送信は著作権者の権利であり，図書館等（以下，明示的に除く旨の記載がない限り特定図書館等を含む）がこれらのサービスを行うことができるのは，法第31条第1項から5項までの規定により，図書館等の公共的な奉仕機能を根拠として，著作権者の権利が制限されているからです。

この制度自体が著作物の利用と保護の調和を目指したものですが，その具体的な運用ルールは，図書館等や指定管理団体において，持続的な制度運用が可能なものとする必要があります。また図書館資料の大半が新聞を含む出版物の形態をとっており，それらの商業的な流通が健全に維持されることが，図書館資料の一層の充実につながりますので，そのような観点からも，図書館等，著作権者，出版者の合意に基づくルール作りが重要となります。

以下の本ガイドラインの各項目は上記の観点から構成されているものですので，関係者はその趣旨を十分に理解し，複写サービス及び公衆送信サービスの充実と適正な運用に努めなければなりません。

2　「図書館資料」について

（1）定義

複写サービス及び公衆送信サービスにおいて，その対象となる図書館資料とは，図書館等が選択，収集，整理，保存している資料をいいます。

(2) 図書館間協力により提供された資料の取り扱い

図書館間協力により提供された，他館の図書館資料の複製物を複写サービスの対象として扱うことは，「図書館間協力における現物貸借で借り受けた図書の複製に関するガイドライン」（大学図書館間においては「大学図書館協力における資料複製に関するガイドライン」）に準拠することにより，行うことが可能です。

今後，公衆送信サービスも実施可能となるよう別途要件等を整理していきます。

(3) 電子ジャーナル等の取り扱い

各図書館等が契約しているオンラインの電子ジャーナル，オンラインのデータベースサービス等によって提供されている著作物については，複写サービス及び公衆送信サービスの対象外です。

(4) 寄贈・寄託資料の取り扱い

図書館等にその処分権限がある（所有権がある）寄贈資料は，「図書館資料」に含まれるため，複写サービス及び公衆送信サービスの対象となります。

一方図書館等がその処分権限を有しない寄託資料については，寄託時に定められた条件によることになります。

3 サービスの主体

(1) 行為主体

複写サービス及び公衆送信サービスの行為主体は，利用者からの依頼を受けた図書館等となります。各図書館等は，利用者からの複写または公衆送信の依頼に対し，法令及び本ガイドラインに基づいてその適否を判断しサービスを実施する責務を負います。

複写サービスの実施にあたっては，司書またはこれに相当する職員（著作権法施行規則第1条の4に定めるもの）を置き（公衆送信サービスの実施にあたっては，下記第9項の要件が付加される），図書館等が主体的にサービスを行う必要があります。

(2) 外部事業者への委託

複写サービス及び公衆送信サービスの申込受付以降における事務処理の全部または一部を，図書館等は外部事業者に委託することが可能です。ただし，その場合は図書館等が当該外部事業者との間で監督権限等を有することを定めた契約を締結し，法令及び本ガイドラインに準拠したサービスとして実施されなければなりません。

(3) 利用者自らの行為

複写サービスにおいては，図書館等の館内にコイン式コピー機を設定して，法第31条第1項の範囲内で利用者自らが複写することを認めている場合があります。これは司書又はこれに相当する職員が随時管理監督することができる場合にのみ許容されるものです。

4 制度目的による限定

複写サービス及び公衆送信サービスは，利用者の調査研究の用に供することがその目的とされています。これは利用者の娯楽・鑑賞の用に供する目的でこれらのサービスを行うことは許容されないということを意味します。図書館等はサービスの実施にあたり，利用者に利用目的を記載した申請書の提出を求めるなど利用者の利用目的が法令に則ったものであるかどうかを確認することが求められます。

5 対象となる著作物の範囲

複写及び公衆送信を行うことができるのは，公表された著作物の一部分であることが原則です。

(1) 「公表」の意義

「公表された」とは，法第4条の要件を満たした場合を言います。図書館資料の大半は出版物（新聞を含む）として発行されたものですので，その掲載著作物は公表されたものとなります（法第4条第1項）。

(2) 著作物の単位

著作物の単位は，以下によることとし，複写及び公衆送信の利用可能範囲は著作物1単位ごとに判断します。

・書籍に掲載されている著作物は，書籍一冊ごとに下記の〔著作物のジャンルごとの判断基準〕

に従い判断する。なお，1作品が複数の書籍に
またがって掲載されている場合は，一冊の書籍
に掲載されている部分をもって一つの著作物と
して扱う。
・新聞，雑誌に掲載されている著作物は，号ごと
に下記の〔著作物のジャンルごとの判断基
準〕に従い判断する。同一タイトルで複数の
号に分けて掲載されている場合は各号掲載分
を，それぞれ一つの著作物として扱う。
・事典（項目の著作者が明示されている場合）に
ついては，1項目をもって，一つの著作物とし
て扱う。
・新聞，雑誌，事典等，素材の選択や配列に創作
性が認められる編集物は，全体を一つの編集
著作物として扱う。
〔著作物のジャンルごとの判断基準〕
・絵画や写真は1作品，1図版をもって，一つの
著作物として扱う。
・地図は1枚，1図版をもって，一つの著作物と
して扱う。
・楽譜や歌詞は1作品をもって（複数楽曲によっ
て大きな1作品が構成されている場合は，各楽
曲をもって），一つの著作物として扱う。
・俳句は1句，短歌は1首をもって，一つの著作
物として扱う。
・脚本については1作品をもって，一つの著作物
として扱うが，連続ドラマ等の場合は同一タ
イトルであっても，各話またはサブタイトル
ごとに，一つの著作物として扱う。
・文芸作品，論文や漫画作品は1作品をもって，
一つの著作物として扱うが，読み切り（連作
を含む）作品の場合は同一タイトルであって
も，各話ごとに，一つの著作物として扱う。
（3）「一部分」の意義
　複写サービス，公衆送信サービスともに，各
著作物の2分の1を超えない範囲とします。

6　全部利用が可能な著作物
（1）政令による指定
　複写サービス及び公衆送信サービスにおいて，
利用することができるのは著作物の一部分である
ことが原則ですが，著作権者の利益を不当に害し

ないと認められる特別な事情があるものとして政
令で定める著作物については，例外として当該著
作物全部の利用が許容されます。本ガイドライン
では政令（著作権法施行令第1条の4，第1条の
5）の規定を踏まえて，以下（2）から（6）まで
に掲げた著作物を全部利用が可能な著作物としま
す。（2）から（6）までのいずれか一つに該当す
れば，全部利用が可能な著作物となります。
（2）国等の周知目的資料
　「国若しくは地方公共団体の機関，独立行政法
人又は地方独立行政法人が一般に周知させるこ
とを目的として作成し，その著作の名義の下に公
表する広報資料，調査統計資料，報告書その他こ
れらに類する著作物」と定められています。
（3）発行後相当期間を経過した定期刊行物に掲
　　載された個々の著作物
　定期刊行物とは，定期又は一定期間を隔てて，
通常年1回又は2回以上刊行する逐次刊行物であ
って，同一の題号のもとに終期を定めず巻次又は
年月次を付して発行されるものを言います。
　発行後相当期間は以下のとおりとします。
　ア　複写サービス
　　　通常の販売経路において，当該定期刊行物
　　の入手が可能な期間を意味し，原則として次
　　のように取り扱います。
　　・日刊，週刊，月刊，隔月刊の場合
　　　次号が発行されるまでの期間
　　・3か月以上の刊行頻度の場合（上記の刊行
　　　物で予定通りに発行されない場合を含む）
　　　当該刊行物の発行後3か月までの期間
　イ　公衆送信サービス
　　　発行後1年間（ただし，新聞については次
　　号が発行されるまでの期間）
　なお，複数の著作物が掲載されている定期刊
行物において，個々の著作物は，それぞれ全部を
利用可能であるとしても，合わせて当該定期刊行
物の全部を利用することはできません。このよう
な定期刊行物はその全体に対して原則として編集
著作物性が認められるものであり，その一部分を
利用範囲の上限とします。
（4）美術の著作物等
　美術の著作物，図形の著作物，写真の著作物

は，一体としての視覚的効果を有することを前提とした著作物であり，その一部分の複製，公衆送信では意味をなさないのみならず，同一性保持権侵害の問題も生じるおそれがあります。このため，政令においては，利用対象となる著作物の一部分と一体のもの（内容に着目したものではなく，同一頁に掲載されているという外形的な状態をもって一体のものとされています）として図書館資料に掲載されていることにより，当該著作物の一部分に付随して複製，公衆送信されることとなるものについては，その全部を利用することができるものとされました。この政令の規定を踏まえ，本ガイドラインでは美術の著作物等の利用について，以下のとおりとします。

　ア　複写サービス

　　「複製物の写り込みに関するガイドライン」に従うものとします。

　イ　公衆送信サービス

　　公衆送信のために複製される図書館資料の一頁につき，一点当たりの美術の著作物又は写真の著作物が，当該頁の3分の2以上の割合を占めて掲載されているものについては，複製時に以下の条件を満たさなければならないものとします。

　　（ア）原則として解像度を200dpiとして複製すること。

　　（イ）図書館資料の劣化等の事情により，調査研究の用に供することが困難であると認められることから，200dpiを超えて複製する必要がある場合には，300dpi程度を上限として，目的外利用防止のための措置（デジタル方式又はアナログ方式により，複製対象となる頁上の2以上の箇所に均等に配置されるように記号等を付し，当該頁中に掲載されている美術の著作物又は写真の著作物の上に当該記号等が付されるようにする措置）を講じた上で複製すること。

（5）分量の少ない著作物

　定期刊行物を除く図書館資料に掲載されている言語の著作物で，その分量が少ないものの複製，公衆送信については，以下のとおりとします。

　なお，今後本ガイドラインの合意事項に基づいた政令上の規定の制定を，本関係者協議会として求めていく予定です。政令が制定された場合は，その内容を踏まえて本ガイドラインの記載を改定することになります。

　ア　複写サービス

　　「複製物の写り込みに関するガイドライン」に従うものとします。

　イ　公衆送信サービス

　　図書館資料の複製が行われる同一頁（見開き単位で複製が行われる場合はその見開きになっている2頁）内に，単独又は複数の著作物の全部又は2分の1を超える部分が掲載されている場合，それぞれの著作物について，その2分の1を超える部分についても公衆送信することができます。

　　ただし，もっぱら分量の少ない著作物で構成されている図書館資料（句集・歌集，事典類等が典型ですが，これらに限りません。）においては，前段の扱いによる複製箇所は連続してはなりません。なお，本項の規定にかかわらず，7（2）に該当する図書館資料は公衆送信サービスの対象とはなりません。

（6）漫画の著作物

　定期刊行物を除く図書館資料に掲載されている漫画の著作物のうち，分量の少ない著作物の複製，公衆送信については，上記（5）に準じて取り扱うものとします。

7　利用対象外となる図書館資料（法第31条第2項ただし書）

（1）法の規定

　法は，公衆送信サービスにおいて，「当該著作物の種類（著作権者，その許諾を得た者，出版権者若しくはその公衆送信許諾を得た者による当該著作物の公衆送信（放送又は有線放送を除き，自動公衆送信の場合にあっては送信可能化を含む。以下この条において同じ。）の実施状況を含む。第104条の10の4第4項において同じ。）及び用途並びに当該特定図書館等が行う公衆送信の態様に照らし著作権者の利益を不当に害することとなる場合」（法第31条第2項ただし書）と規定し

ています。

この規定は，下記の諸要素に照らして，現在存在する商用の著作物利用市場と衝突する場合，あるいは将来における著作物の潜在的な商用利用の可能性を阻害するおそれがある場合に，該当する図書館資料を公衆送信サービスの対象外とすることができるとするものです。なお，この規定は商用利用市場への影響に着目するものですので，「著作物の種類，用途」は一般的なカテゴリーではなく，当該著作物が掲載され流通される出版物等の資料の性質に着目して解されることになります。すなわち「著作物の種類」とは，論文・専門書，一般書，新聞などの掲載資料の発行形態の類型を意味します。当該著作物に係る正規市場の規模や電子配信の実施状況も種類の要素に含まれます。また，「著作物の用途」とは，専門の研究者用，学生用，一般用などの資料利用者の属性に着目したものを言います。

「公衆送信の態様」とは，特定図書館等から利用者に送信されるデータの精度（画質など）や送信される分量などを意味します。

（2）対象外となる資料

この規定を踏まえて，本ガイドラインでは，公衆送信サービスの対象外とする資料を以下のとおりとします。

・法第 31 条第 2 項ただし書に該当するものとして，SARLIB から各特定図書館等に対し除外資料として指定されたもの
・楽譜の出版物（各特定図書館等での分類基準等による）
・地図の出版物（同上）
・写真集，画集（同上）

その他，発行後相当期間経過前の定期刊行物及び各特定図書館等において公衆送信を行うことが不適当と認めた資料も対象外とします。

8 送信データの不正拡散の防止 （法第 31 条第 2 項第 2 号）

特定図書館等は，公衆送信されたデータがそれを受信した利用者により目的外で拡散されないよう，公衆送信サービスの利用について利用者の個人情報を登録する際，または公衆送信サービスの利用の申込みを受け付ける際，利用者に対して，利用規約を相当な方法により説明するとともに，不正拡散の防止等について定めた利用規約への同意を求めなければなりません。

（1）利用規約記載事項

利用規約において最低限定めるべき事項は以下のとおりとします。

　①注意事項・禁止事項の遵守について
　　・公衆送信サービスを第三者に利用させないこと
　　・公衆送信サービスで入手したデータを権利者の許諾なく著作権法に定められた権利制限の範囲を超えて第三者に送信し，又は転載しないこと
　　・利用登録時に登録した情報に変更が生じた場合は，速やかに登録した特定図書館等に届け出ること
　②不適切な利用が判明した場合の利用停止等の措置
　　利用規約違反，その他の不適切な利用が判明した場合は，公衆送信サービスの利用停止等の措置を講ずること。

（2）送信する電子ファイルに対して講じる措置
　①全頁ヘッダー部分に利用者 ID（貸出カードの番号等）を挿入する。
　②全頁フッター部分にデータ作成館名，データ作成日を挿入する。
　　ただし，今後の技術的進展等の環境変化に応じて，電磁的方法に係る措置を追加するなど，時宜に応じて追加措置の導入を検討するものとします。

9 特定図書館等の要件 （法第 31 条第 3 項）

（1）責任者（第 1 号）

責任者は，図書館等の館長または公衆送信に関する業務の適正な実施に責任を持つ職員のうちから館長が指名する者とします。

また，同一設置者による複数の図書館等がある場合は，責任者の兼任を認めるものとします。

（2）研修項目，実施方法等（第 2 号）
　ア　研修項目
　　著作権法，本ガイドライン及び補償金制度に

関する内容を研修項目とします。

イ　実施方法

　各特定図書館等の責任者を中心に，各特定図書館等の責任において，公衆送信サービスに係る実質的な判断に携わる職員（事務職員を含む。外部事業者に事務処理を委託している場合は，当該外部事業者を含む）に対して，上記アの研修項目を内容とする研修を定期的に実施することとします。なお，制度全般に関わる内容については，各特定図書館等が共同で実施することを妨げません。その際，必要に応じて文化庁および SARLIB の協力を仰ぐことができるものとします。

(3) 利用者情報の適切な管理（第3号）

　特定図書館等は，利用者情報を適切に管理するため，公衆送信サービスに係る内部規定を定めることとします。その際，各特定図書館等が所属する組織における既存の個人情報取扱やセキュリティ管理に係る規定を準用することができるものとします。

　なお，以下は最低限定めるべき事項とします。

　①個人情報の取得方法について（本人確認の方法）

　②取得する個人情報の内容（氏名，住所，電話，またはEメールアドレス）

　③取得した個人情報の管理（セキュリティ）

　④取得した個人情報の更新（利用者に更新を求める・更新の手段を提供している等）

(4) データの目的外利用を防止し，又は抑止するための措置の内容（第4号）

　特定図書館等は，セキュリティ管理等を適切に行うため，公衆送信サービスに係る内部規定を定めなければなりません。その際，各特定図書館等が所属する組織・機関等における既存の個人情報取扱やセキュリティ管理に係る規定を準用することができるものとします。

　なお，以下は最低限定めるべき事項とします。

　①電子データの作成に係ること（データに記載する内容等，上記第8項(2)に規定した内容と同じ）

　②電子データの送信に係ること（誤送信の防止に向けた対策等）

　③電子データの破棄に係ること（保存期間等）

(5) その他業務を適正に実施するために必要な措置（第5号）

　今後の運用状況を踏まえて定めていくこととします。

10　受信者（利用者）における複製（法第31条第4項）

　公衆送信サービスにおいては，利用者が受信データをハードディスク等に保存したりプリントアウトしたりすることが想定されますので，それらの利用者による複製行為を一定の範囲内で許容する旨の規定です。

　複写サービスでは，このような規定はありませんが，これはすでに複製物が利用者一人につき一部提供されている（法第31条第1項第1号）ため，改めて利用者における複製行為を許容する理由がないためです。

　利用者は，入手した図書館資料の複製物について，権利者からの許諾がない限り，法第30条以下の権利制限の範囲を超えて複製等の利用をすることはできません。例えば研究室において共同で利用するために複数コピーを作成するということも違法となります。

11　著作権保護期間に関する補償金の要否判断について

　著作権保護期間の判断は，言うまでもなく法令の定めに基づいて行うことが原則です。しかし，図書館資料に掲載されている著作物の保護期間判断が必ずしも容易ではないこと，著作物性を有するものであるか否かの判断も難しい場合があることといった法適用，法解釈の問題があるとともに，各特定図書館窓口における送信可否判断を迅速かつ円滑に行う必要があることを踏まえると，公衆送信サービスにおける補償金支払い要否の判断は，当該図書館資料の発行日を基準とし，編集著作物の規定（法第12条），無名又は変名の著作物の保護期間（法第52条）の規定等の趣旨に照らして行うことが妥当であると考えられます。

　判断基準は当該図書館資料の発行日を基準とし，以下のとおりとします。

1967年以前

　送信対象となる図書館資料内の主たる著作者の没年を調査し，没年が1967年以前または1968年以降の生存が確認できない場合であれば補償金の支払いを不要とする。没年が1968年以降の場合は，没後70年（没日が属する年の翌年から起算して70年を経過するまで）を経過するまで補償金負担が生じるものとする。

1968年以降

　発行後70年が経過するまで，一律補償金負担が生じるものとする。発行後70年を経過した場合であっても，主たる著作者の没日が発行日以降であれば，当該著作者の保護期間満了まで補償金負担が生じるものとする。

　なお，上記判断基準にかかわらず，掲載されている著作物のすべてが保護期間を経過していること，又は著作物性がないと，各特定図書館等が判断した場合は，補償金の支払いは不要とします。

　また，原則として，補償金の要否にかかわらず，SARLIBに対する利用報告は行うこととしますが，古典籍等，明らかに著作権保護期間が満了している著作物については，報告対象外とすることも可能とします。

以上

令和5年5月30日制定
令和5年8月30日修正

資料2

図書館等公衆送信補償金規程
令和5年3月29日認可

一般社団法人図書館等公衆送信補償金管理協会

（目的）

第1条　本規程は，一般社団法人図書館等公衆送信補償金管理協会（以下「本協会」という。）が，新聞，定期刊行物（雑誌を含む。），図書等の著作物の公正な利用及び当該著作物の著作権者及び出版権者等の権利の保護に留意しつつ，著作権法（昭和45年法律第48号。以下「法」という。）第31条第5項（法第102条第1項において準用する場合を含む。）が規定する補償金（以下「補償金」という。）の額を，法第104条の10の4第1項の規定に基づき，定めることを目的とする。

（定義）

第2条　本規程において，次の各号に掲げる用語の意義は，当該各号に定めるところによる。

(1)「図書館資料」とは，図書館に蔵書されている著作物をいう。

(2)「図書館等公衆送信」とは，法第31条第2項（法第102条第1項において準用する場合を含む。）の規定により行われる公衆送信をいう。

(3)「設置者」とは，図書館等公衆送信を行う特定図書館等（法第31条第3項の特定図書館等をいう。以下同じ。）を設置する者をいう。

(4)「新聞」とは，不特定多数の人々を対象に，最新のニュースの報道と評論を主たる目的とし，同一のタイトルのもとに，ブランケット判若しくはタブロイド判の形態で綴じずに刊行される逐次刊行物をいい，通常は一定の短い間隔（日刊，週刊，週2回刊行など）で定期的に発行されるものをいう。

(5)「定期刊行物（雑誌を含む。）」とは，定期又は一定期間を隔てて，通常，年に1回又は2回以上刊行する逐次刊行物であって，同一の題

号のもとに終期を定めず通番を付して発行されるものをいう（商業出版社が編集発行する一般雑誌及び学協会が編集発行する学術雑誌等，雑誌と総称される逐次刊行物を含み，新聞並びに団体の会議録及び業務報告等を除く。）。

(6) 「本体価格が明示されている図書」とは，新聞及び定期刊行物（雑誌を含む。）を除く，本協会が特定図書館等に対して提供するデータベースによって当該図書の本体価格が確認可能な図書をいう。

(7) 「上記以外（本体価格不明図書・脚本/台本含む限定頒布出版物・海外出版物等）」とは，新聞及び定期刊行物（雑誌を含む。）を除く，本協会が特定図書館等に対して提供するデータベースによって当該図書の本体価格が確認不能な図書をいう。

2　本規程に特に定めがある場合を除き，本規程における用語は，法と同じ意味で用いるものとする。

（図書館等公衆送信により支払う補償金の額）

第3条　設置者が支払う補償金の額は，下表に定める図書館資料の種類に応じた補償金算定式を適用して算出した額とする。

図書館資料の種類	補償金算定式	備考
新聞	1頁あたり500円 2目以降1頁ごとに100円	
定期刊行物（雑誌を含む。）	1頁あたり500円 2頁目以降1頁ごとに100円	
本体価格が明示されている図書	本体価格を総頁数で除し，公衆送信を行う頁数と係数10をそれぞれ乗ずる	1冊あたりの申請に係る補償金額が500円を下回る場合には，500円とする
上記以外（本体価格不明図書・脚本/台本含む限定頒布出版物・海外出版物等）	1頁あたり100円	1冊あたりの申請に係る補償金額が500円を下回る場合には，500円とする

（注）見開きで複写を行い，図書館等公衆送信を行う場合は，2頁と数える。

(1) 「新聞」及び「定期刊行物（雑誌を含む。）」に関しては，図書館等公衆送信1回の申請につき1頁あたり500円，2頁目以降1頁ごとに100円を加算して算定する。なお，新聞紙面の1頁全体の図書館等公衆送信の申請があり，かかる送信対象となる分量がA3サイズ2頁相当となった場合であっても，1頁と計算する。

(2) 「新聞」及び「定期刊行物（雑誌を含む。）」につき，補償金の算定は1冊（号）ごとに別個に算定されるものとする（例えば，A社発行の新聞1頁分及びB社発行の新聞2頁分の図書館等公衆送信を希望する場合には1,100円，雑誌C4頁分及び雑誌D10頁分の図書館等公衆送信を希望する場合には2,200円となる。）。なお，「新聞」につき，同一の会社が発行する同一発行日付かつ同一のタイトルの新聞の図書館等公衆送信を希望する場合には，朝夕刊を一括した形で頁数を算定するものとする（例えば，E社発行の新聞Fの1月16日付朝刊1頁分及び同日付夕刊2頁分の図書館等公衆送信を希望する場合には，700円となる。）。

(3) 「本体価格が明示されている図書」につき，「本体価格÷総頁数×対象頁数×係数10」を一括して計算の上，その結果として小数点以下が生じる場合には，小数第一位の数字を切り捨ての上，補償金の額を確定させるものとする（例えば，本体価格が2,500円で総頁数が220頁の書籍のうち12頁分の図書館等公衆送信を希望する場合には，「2,500÷220×12×10」の計算を一括で計算し，その結果として得られた「1,363.6363…」の小数第一位を切り捨てた1,363円を補償金額とする。）。なお，係数は，既存ビジネスとのバランスを考慮しつつ，本体価格を総頁数で割った頁単価を基準とした上で，補償金の額が合理的な額となるように掛け合わされる数値をいう。

(4) 「本体価格が明示されている図書」につき，算定対象となる総頁数は，本協会が特定図書館等に対して提供するデータベースに登録されている総頁数を基準とし，仮に目次や巻末の書誌情報等，本文が記載されていない頁が当該総頁数に含まれていた場合であっても，

これらの頁を算定対象となる総頁数からは除外しないものとする。

(5) 「本体価格が明示されている図書」に頁数が印字されていない場合であっても，本協会が特定図書館等に対して提供するデータベースに登録されている総頁数を基準として額を算定するものとする。

(6) 「本体価格が明示されている図書」の総頁数が，本協会が特定図書館等に対して提供するデータベースに登録されていない場合には，当該図書は「上記以外（本体価格不明図書・脚本/台本含む限定頒布出版物・海外出版物等）」として扱うものとする。

(7) 「上記以外（本体価格不明図書・脚本/台本含む限定頒布出版物・海外出版物等）」につき，海外で出版された書籍については，全て上記以外（本体価格不明図書・脚本・台本含む限定頒布出版物・海外出版物等）に分類するものとする（例えば，海外で出版された雑誌については，「定期刊行物（雑誌を含む。）」ではなく「上記以外（本体価格不明図書・脚本・台本含む限定頒布出版物・海外出版物等）」に分類されるものとする。）。

(8) 「本体価格が明示されている図書」及び「上記以外（本体価格不明図書・脚本/台本含む限定頒布出版物・海外出版物等）」につき，1冊あたりの図書館等公衆送信に係る補償金額が500円を下回る場合には500円とする（例えば，本体価格が2,000円で総頁数が200頁の書籍のうち4頁分の図書館等公衆送信を希望する場合には，「2,000÷200×4×10」という計算により補償金額は400円となるが，この場合であっても補償金額は500円となる。）。

(9) 本協会は文化庁から認可された図書館等公衆送信補償金管理団体であり，図書館等公衆送信補償金の対象となる図書館資料は，本協会に加盟している団体に係る著作物であるか否かにかかわらず，全ての図書館資料とする。

(10) いずれの種類の図書館資料を図書館等公衆送信する場合であっても，モノクロでの送信とカラーでの送信でその補償金の額の算定方式は同一とする。

（その他）

第4条　本規程の補償金額には，消費税法（昭和63年法律第108号）及び地方税法（昭和25年法律第226号）に規定する消費税等に相当する金額を加算する（小数点以下切り捨て）。

附則

1　本規程は，令和5年6月1日から実施する。

2　本協会は，本規程の実施の日から3年を経過する毎に，実施後の状況を勘案し，本規程について検討を加え，その結果に基づいて必要な措置を講ずるものとする。但し，事情の変更により特別の必要が生じたときは，3年が経過する前において検討を加え，必要な措置を講ずるものとする。

資料３

図書館等公衆送信サービスに係る特定図書館等及び利用者に求められる要件等について

令和5年5月17日修正
令和4年8月3日修正
特定図書館等分科会

　図書館等公衆送信サービス（以下，「本サービス」という）に係る特定図書館等及び利用者に求められる要件等については，以下の通り運用するものとする。なお，同要件等については，時宜に応じて関係者間で必要な見直しを行うものとする。

1　特定図書館等が満たすべき具体的な要件・基準について（第31条第3項）

(1)　責任者の配置（第1号）

　責任者は，特定図書館等の館長又は本サービスに係る業務の適正な実施に責任を持つ職員のうちから館長が指名する者とする。

　また，同一設置者による複数の特定図書館等については，責任者の兼任を認める。

(2)　研修項目，実施方法等（第2号）

　ア　研修項目

　　・著作権法及び図書館等における複製及び公衆送信ガイドライン，その他図書館等公衆送信補償金制度に関する内容
　　・各特定図書館等における本サービスの運用，事務処理といった実務に関する内容

　イ　実施方法

　　各特定図書館等の責任において，各特定図書館等の責任者をはじめとした本サービスに係る実質的な判断に携わる職員（事務職員を含む。外部事業者に事務処理を委託している場合は，当該外部事業者を含む。）に対して，上記の研修項目に係る研修を定期的に実施する。なお，制度全般に関する内容については，各特定図書館等が共同で研修を実施すること

を妨げない。その際，必要に応じて，文化庁及び一般社団法人図書館等公衆送信補償金管理協会（SARLIB）の協力を仰ぐことができるものとする。

(3)　利用者情報の適切な管理（第3号）

　特定図書館等は，本サービスの実施に当たって利用者情報を適切に管理するための内部規定を定めること。その際，各特定図書館等が所属する組織における既存の個人情報取扱やセキュリティ管理に係る規定を準用することができる。

　なお，以下の事項については，必ず内部規定において定めるべきものとする。

　　①個人情報の取得方法について（本人確認の方法）
　　②取得する個人情報の内容（氏名，住所，電話番号又はEメールアドレス）
　　③取得した個人情報の管理（セキュリティ）
　　④取得した個人情報の更新（利用者に更新を求める・更新の手段を提供している等）

(4)　データの目的外利用を防止し，又は抑止するための措置の内容（第4号）

　特定図書館等は，公衆送信されたデータがそれを受信した利用者により目的外利用されないよう，本サービスの利用について利用者の個人情報を登録する際や，本サービスの利用の申込みを受け付ける際には，利用者に対して，目的外利用の防止等について定めた本サービスの利用規約を相当な方法により説明し，同意を求めること。

　特定図書館等は，セキュリティ管理等を適切に行うための内部規定を定めること。その際，各特定図書館等が所属する組織・機関等における既存の個人情報取扱やセキュリティ管理に係る規定を準用することができる。

　なお，以下の事項については，必ず内部規定において定めるべきものとする。

　　①電子データの作成に係ること（データに記載する内容等）
　　　「3　データの不正拡散を防止し，又は抑止するための措置の内容」に準ずること
　　②電子データの送信に係ること（誤送信の防

79

止に向けた対策等）

③電子データの破棄に係ること（保存期間等）
電子データ及び電子データ作成に際し発生する中間複製物については，保存期間後速やかに，かつ適切に廃棄する。

(5) 業務を適正に実施するために必要な措置の内容（第5号）

※第5号関係については，現時点で規定されていないことから，今後の文化庁著作権課における同号に基づく省令の規定に係る検討状況を踏まえ，必要に応じて記載内容につき検討する。

2 特定図書館等に利用者が登録すべき情報について（第31条第2項）

各図書館等で行っている既存の利用登録の内容に準ずること。

なお，以下の事項については，必ず登録すべきものとする。

①氏名

②連絡先（住所，電話番号又はEメールアドレス）

既存の利用登録時に，身分証明書による本人確認を必要としない図書館等においては，身分証明書等の本人確認書類による本人確認を行うこと。

登録することが可能な利用者の範囲についても，原則は各図書館等で行っている既存の利用登録要件に準ずること。

3 データの不正拡散を防止し，又は抑止するための措置の内容（第31条第2項第2号）

特定図書館等は，公衆送信されたデータがそれを受信した利用者により目的外利用されたり，不正拡散されたりしないよう，本サービスの利用について利用者の個人情報を登録する際や，本サービスの利用の申込みを受け付ける際には，利用者に対して，不正拡散の防止等について定めた本サービスの利用規約を相当な方法により説明し，同意を求めること。

なお，利用規約に必ず定めるべき事項は，以下のとおりとする。

①注意事項・禁止事項の遵守について

本サービス利用者は，以下の事項を遵守するものとする。

・本サービスを第三者に利用させないこと
・本サービスで入手したデータを権利者の許諾なく著作権法に定められた権利制限の範囲を超えて第三者に送信し，又は転載しないこと
・利用登録時に登録した情報に変更が生じた場合は，速やかに登録した特定図書館等に届け出ること
・その他，各特定図書館等が本サービスを適切に運用するために必要なものとして定める注意事項・禁止事項

②不適切な利用が判明した場合の利用停止等の措置

利用規約違反，その他の不適切な利用が判明した場合は，本サービスの利用停止等の措置を講じること。

また，電子ファイルに対して講じる措置については，次のとおりとする。ただし，今後の技術的進展等の環境変化に応じて電磁的方法に係る措置を追加するなど，時宜に応じて追加措置の導入を検討する。

①全頁ヘッダー部分に利用者ID（貸出カードの番号等）を挿入する。
②全頁フッター部分にデータ作成館名，データ作成日を挿入する。

（以上）

資料 4

図書館等公衆送信サービスに関する
関係者協議会
事務処理等スキーム分科会合意事項

令和 4 年 6 月 20 日
令和 5 年 5 月 18 日修正

1. スキーム検討の前提

(1) サービス実施主体の要件

公衆送信サービスを実施する図書館等が「図書館等における複製及び公衆送信ガイドライン」（以下「31 条ガイドライン」という。）第 2 の 9 において解釈と運用が示されている著作権法第 31 条第 3 項に規定する特定図書館等の要件を満たしていること。

(2) 補償金の負担と徴収方式

原則として，補償金は利用者の負担とし，これに，必要に応じて事務手数料等を加えた対価を徴収すること。

(3) 業務委託

31 条ガイドライン第 2 の 3(2)による。

(4) 事務処理を行う環境

特定図書館等が，利用者や指定管理団体との間の手続をオンライン上で行えるようにすること。

(5) 作業の手順

本文書で提示される作業手順はあくまでも標準的なものであり，申込者からの入金の確認前に複製ないしデータ送信を行う等，特定図書館等の事情により作業手順を組み替えることは妨げられない。

2. 申込受付

(1) 申込者の要件確認

申込者が特定図書館等に所定の利用者情報の事前登録を行っていることを確認する。

確認方法は以下が想定される。

例：ID/パスワードによる認証，登録された利用者情報による本人確認

(2) 申込方法

原則として，電子メール，インターネット等非来館による申込みが想定されるが，来館での申込みも排除されない。

3. 送信可否判断

申込対象資料が著作権法第 31 条第 2 項ただし書（送信対象外資料）に該当するか否か等を，31 条ガイドライン第 2 の 7(2)に基づき確認する。該当する場合は送信対象とせず，申込みを謝絶する。

4. 補償金要否判断

(1) 補償金要否判断

31 条ガイドライン第 2 の 11 に基づき，申込対象資料が補償金の対象となる資料かどうかを確認する。

(2) 確認方法

著者の没年等の確認は，各種レファレンスブック及びインターネットによる簡易な調査（出版書誌データベース（Books），Web NDL Authorities 等）による。

5. 複製箇所特定

(1) 複製箇所特定

申込内容（タイトル，巻号情報，ページ数，論文名，著者名等）から，申込対象資料のうち，具体的な複製箇所を特定する。

(2) 複製・送信範囲確認

31 条ガイドライン第 2 の 5 に基づき，複製箇所の範囲が，公衆送信において認められる一部分の範囲であることを確認する。範囲を超えている場合は申込者に連絡して範囲内に調整するか，申込みを謝絶する。

ただし，31 条ガイドライン第 2 の 6 において，著作権法第 31 条第 2 項に定める全部利用が可能な著作物として解釈と運用が示されているものは全部の公衆送信が可能とする。

6. 複製

(1) 複製

申込対象資料の複製（撮影・スキャン等）を実施し，送信用ファイルを作成する。冊子体の場

合は，原則としてページ又は見開き単位で複製を行うこととする。新聞紙面等，一定のサイズを超える場合はサイズ単位で部分指定しての複製も可能とする。なお，提供用画像の解像度は，200-300dpi 程度を目安とするが，美術の著作物又は写真の著作物については 31 条ガイドライン第 2 の 6(4)イ(ア)による場合があることに留意する。

(2) 不正拡散防止措置の実施

「複製」から「データ送信」までの間に，送信用ファイルに対して，31 条ガイドライン第 2 の 8(2)の措置を行う。

また，美術の著作物又は写真の著作物については，31 条ガイドライン第 2 の 6(4)イ(イ)による追加の不正拡散防止措置が必要となる場合があることに留意する。

(3) 送信実績の記録

送信実績として，次の項目を記録する。◎は必須，○は可能な限り。

書誌情報のうち以下の項目

ISBN/ISSN（資料に記載があれば◎），著作物又は資料のタイトル（◎），責任表示（著者・編者）（○），出版者（○），出版年（○），巻号情報

※原則として著作物単位での記載とするが，著作物単位での記載が困難な場合は資料単位で可とする。

申込情報のうち以下の項目（申込時に申込者が記載した内容でもよい）

ページ（又は複製箇所が特定できる論文名等の情報）（◎。申込情報に記載があった場合は可能な限り両方とも）

7. 補償金額算定

図書館等公衆送信補償金規程の定めに従って補償金額を算定する。

8. 申込者への料金提示

申込者に対し，サービス対価の総額（補償金額（消費税等相当額を含む。）に加え，必要に応じて事務手数料等（消費税等相当額が必要となる場合は，当該金額を含む。））を電子メールやインターネットを用いたシステム等で提示し，支払を

依頼する。

9. 申込者による入金

申込者は，サービスの対価（料金）の提示を受けた後，各館の指定する方法で対価を支払う。

10. 特定図書館等による入金確認

特定図書館等は，各館の事情に応じた方法で，申込者からの入金を確認する。一定期間入金が確認できない申込みについては謝絶し，当該申込者からの問合せ対応のために最低限必要な保存期間経過後に送信用ファイルを廃棄する。

11. データ送信

(1) データ送信

特定図書館等は，不正拡散防止措置を施した送信用ファイルを申込者に送信する。

(2) 送信方法

電子メール，インターネットを通じたファイル転送システム等により送信する。

12. 指定管理団体への送信実績の報告，補償金の支払い

(1) 送信実績報告

特定図書館等は，指定管理団体に対し，6(3)の項目及び補償金情報（図書館資料の種類，補償金の対象となるページ数，補償金額）を記載した送信実績一覧及び申込者に提供したファイル（ただし，不正拡散防止措置を施していないもの，不正拡散防止措置のうち利用者 ID 等個人情報に関わる情報を除いたもの又は個人情報の第三者提供について申込時等に利用者から了承を得たもののいずれかとする。また，ファイル送付までの保存に要するデータ容量及びファイル送付時のデータ容量を考慮し，ファイル解像度を下げる等適宜の変更を妨げない。）をセキュリティに配慮した方法で送付することにより，送信実績の報告を行う。

(2) 補償金支払い

指定管理団体からの請求等に基づき，徴収済の補償金額（消費税等相当額を含む。）を，指定管理団体が提示する方法で支払う。

(3) 頻度

送信実績の報告及び補償金の支払いは，一月に一回程度とする。ただし，ファイルの送付はこの限りではない。

13. 送信用ファイルの廃棄

特定図書館等及び指定管理団体は，事務処理上最低限必要な保存期間経過後に送信用ファイルを廃棄する。

14. 補償金の返還・追徴処理

指定管理団体の指摘等を受け，指定管理団体と特定図書館等との協議のうえ，指定管理団体及び特定図書館等間，特定図書館等及び利用者間において返還・追徴処理を行うことも可能とする。返還・追徴が発生するのは，例えば次のような場合が想定される。

- ・孤児著作物，著者の没年不明等，判断がつかない場合に，一律の補償金を徴収したが，保護期間満了であったことが後に判明した場合（返還）
- ・保護期間満了として補償金を徴収しなかったが，後に保護期間内であることが判明した場合（追徴）
- ・送信可否ないし補償金要否判断，あるいは補償金額算定で誤りがあった場合（返還・追徴）

資料5

関係法令

○著作権法（昭和45年法律第48号）
（図書館等における複製等）

第31条　国立国会図書館及び図書，記録その他の資料を公衆の利用に供することを目的とする図書館その他の施設で政令で定めるもの（以下この条及び第104条の10の4第3項において「図書館等」という。）においては，次に掲げる場合には，その営利を目的としない事業として，図書館等の図書，記録その他の資料（次項及び第6項において「図書館資料」という。）を用いて著作物を複製することができる。

一　図書館等の利用者の求めに応じ，その調査研究の用に供するために，公表された著作物の一部分（国若しくは地方公共団体の機関，独立行政法人又は地方独立行政法人が一般に周知させることを目的として作成し，その著作の名義の下に公表する広報資料，調査統計資料，報告書その他これらに類する著作物（次項及び次条第2項において「国等の周知目的資料」という。）その他の著作物の全部の複製物の提供が著作権者の利益を不当に害しないと認められる特別な事情があるものとして政令で定めるものにあつては，その全部）の複製物を1人につき1部提供する場合

二　図書館資料の保存のため必要がある場合

三　他の図書館等の求めに応じ，絶版その他これに準ずる理由により一般に入手することが困難な図書館資料（以下この条において「絶版等資料」という。）の複製物を提供する場合

2　特定図書館等においては，その営利を目的としない事業として，当該特定図書館等の利用者（あらかじめ当該特定図書館等にその氏名及び連絡先その他文部科学省令で定める情報

（次項第3号及び第8項第1号において「利用者情報」という。）を登録している者に限る。第4項及び第104条の10の4第4項において同じ。）の求めに応じ，その調査研究の用に供するために，公表された著作物の一部分（国等の周知目的資料その他の著作物の全部の公衆送信が著作権者の利益を不当に害しないと認められる特別な事情があるものとして政令で定めるものにあつては，その全部）について，次に掲げる行為を行うことができる。ただし，当該著作物の種類（著作権者若しくはその許諾を得た者又は第79条の出版権の設定を受けた者若しくはその公衆送信許諾を得た者による当該著作物の公衆送信（放送又は有線放送を除き，自動公衆送信の場合にあつては送信可能化を含む。以下この条において同じ。）の実施状況を含む。第104条の10の4第4項において同じ。）及び用途並びに当該特定図書館等が行う公衆送信の態様に照らし著作権者の利益を不当に害することとなる場合は，この限りでない。

一 図書館資料を用いて次号の公衆送信のために必要な複製を行うこと。

二 図書館資料の原本又は複製物を用いて公衆送信を行うこと（当該公衆送信を受信して作成された電磁的記録（電子的方式，磁気的方式その他人の知覚によつては認識することができない方式で作られる記録であつて，電子計算機による情報処理の用に供されるものをいう。以下同じ。）による著作物の提供又は提示を防止し，又は抑止するための措置として文部科学省令で定める措置を講じて行うものに限る。）。

3 前項に規定する特定図書館等とは，図書館等であつて次に掲げる要件を備えるものをいう。

一 前項の規定による公衆送信に関する業務を適正に実施するための責任者が置かれていること。

二 前項の規定による公衆送信に関する業務に従事する職員に対し，当該業務を適正に実施するための研修を行つていること。

三 利用者情報を適切に管理するために必要

な措置を講じていること。

四 前項の規定による公衆送信のために作成された電磁的記録に係る情報が同項に定める目的以外の目的のために利用されることを防止し，又は抑止するために必要な措置として文部科学省令で定める措置を講じていること。

五 前各号に掲げるもののほか，前項の規定による公衆送信に関する業務を適正に実施するために必要な措置として文部科学省令で定める措置を講じていること。

4 第2項の規定により公衆送信された著作物を受信した特定図書館等の利用者は，その調査研究の用に供するために必要と認められる限度において，当該著作物を複製することができる。

5 第2項の規定により著作物の公衆送信を行う場合には，第3項に規定する特定図書館等を設置する者は，相当な額の補償金を当該著作物の著作権者に支払わなければならない。

○著作権法施行令（昭和45年政令第335号）
（著作物の全部の複製物の提供が著作権者の利益を不当に害しないと認められる特別な事情がある著作物）

第1条の4 法第31条第1項第1号の政令で定める著作物は，次に掲げるものとする。

一 国等の周知目的資料

二 発行後相当期間を経過した定期刊行物に掲載された個々の著作物

三 美術の著作物等（美術の著作物，図形の著作物又は写真の著作物をいう。以下この号及び次条第3号において同じ。）であつて，法第31条第1項第1号の規定によりこの号の規定の適用がないものとした場合に提供されることとなる著作物の一部分（以下この号において「著作物の一部分」という。）の複製を行うに当たつて，当該著作物の一部分と一体のものとして図書館資料に掲載されていることにより，当該著作物の一部分に付随して複製されることとなるもの

（当該美術の著作物等及び当該著作物の一部分から成る資料に占める当該美術の著作物等の割合，当該資料を用いて作成された複製物における当該美術の著作物等の表示の精度その他の要素に照らし，当該複製物において当該美術の著作物等が軽微な構成部分となる場合における当該美術の著作物等に限る。）

（著作物の全部の公衆送信が著作権者の利益を不当に害しないと認められる特別な事情がある著作物）

第1条の5　法第31条第2項の政令で定める著作物は，次に掲げるものとする。

一　国等の周知目的資料

二　発行後相当期間を経過した定期刊行物に掲載された個々の著作物

三　美術の著作物等であつて，法第31条第2項の規定によりこの号の規定の適用がないものとした場合に公衆送信されることとなる著作物の一部分（以下この号において「著作物の一部分」という。）の複製又は公衆送信を行うに当たつて，当該著作物の一部分と一体のものとして図書館資料に掲載されていることにより，当該著作物の一部分に付随して複製され又は公衆送信されることとなるもの（当該美術の著作物等及び当該著作物の一部分から成る資料に占める当該美術の著作物等の割合，当該資料又はその複製物を用いた公衆送信を受信して表示されるものにおける当該美術の著作物等の表示の精度その他の要素に照らし，当該公衆送信により受信されるものにおいて当該美術の著作物等が軽微な構成部分となる場合における当該美術の著作物等に限る。）

○著作権法施行規則（昭和45年文部省令第26号）

第2章の2　図書館資料を用いて行う公衆送信に係る著作物等の提供等を防止等するための措置等

（その他の登録情報）

第2条の2　法第31条第2項（法第86条第3項及び第102条第1項において準用する場合を含む。以下この章において同じ。）の文部科学省令で定める情報は，住所とする。

（図書館資料に係る著作物等の電磁的記録の提供等を防止等するための措置）

第2条の3　法第31条第2項第2号の文部科学省令で定める措置は，同号に規定する公衆送信を受信して作成される著作物等（法第2条第1項第20号に規定する著作物等をいう。以下同じ。）の複製物に当該公衆送信を受信する者を識別するための情報を表示する措置とする。

（公衆送信のために作成された電磁的記録に係る情報の目的外利用を防止等するための措置）

第2条の4　法第31条第3項第4号（法第102条第1項において準用する場合を含む。）の文部科学省令で定める措置は，法第31条第2項の規定による公衆送信のために作成された電磁的記録（同項第2号に規定する電磁的記録をいう。以下この条及び第4条の4において同じ。）の取扱いに関して次に掲げる事項を定める措置とする。

一　法第31条第2項の規定による公衆送信のための電磁的記録の作成に係る事項

二　前号の電磁的記録の送信に係る事項

三　第1号の電磁的記録の破棄に係る事項

「図書館等公衆送信サービス」に関するウェブサイト

　日本図書館協会では，図書館等公衆送信サービスに関するウェブサイトを開設しました。本書に掲載の資料や，文化庁からの情報，SARLIB の情報など，今後随時公表される事項などを収集し，掲載していく予定です。

　また，用語解説や FAQ など，図書館等公衆送信サービスを理解するための情報提供も予定しています。各図書館等が図書館等公衆送信サービスの導入を検討する際の一助となれば幸いです。

❏ウェブサイト「図書館等公衆送信サービス」

https://www.jla.or.jp/committees/chosaku/tabid/1045/Default.aspx

■著者紹介

村瀬　拓男（むらせ・たくお）
　　図書館等公衆送信サービスに関する関係者協議会共同座長
　　弁護士／日本書籍出版協会図書館権利制限対策 PT 座長／図書館等公衆送信補償金
　　管理協会（SARLIB）常務理事

小池　信彦（こいけ・のぶひこ）
　　図書館等公衆送信サービスに関する関係者協議会共同座長
　　調布市立図書館／日本図書館協会著作権委員会委員長

JLA Booklet no.14

図書館等公衆送信サービスを始めるために
——新著作権制度と実務

2023 年 10 月 24 日　初版第 1 刷発行
定価：本体 1,000 円（税別）

編　者：日本図書館協会著作権委員会
表紙デザイン：笠井亞子
発行者：公益社団法人　日本図書館協会
　　　　〒 104-0033　東京都中央区新川 1-11-14
　　　　Tel 03-3523-0811 ㈹　Fax 03-3523-0841　www.jla.or.jp
印刷・製本：㈱丸井工文社

JLA202308　　ISBN978-4-8204-2306-5　　　　　　　　　　Printed in Japan
本文用紙は中性紙を使用しています

JLA Booklet

シリーズ続々刊行！

（本体価格　各 1,000 円）

公益社団法人　日本図書館協会　〒104-0033　東京都中央区新川 1-11-14　出版部販売係
hanbai@jla.or.jp　　　　　　Tel 03-3523-0812　Fax 03-3523-0842
（お問い合わせ・ご注文はメールでもお受けします）